图书馆读者服务理论与实践

孙凤　著

全国百佳图书出版单位
吉林出版集团股份有限公司

图书在版编目（CIP）数据

图书馆读者服务理论与实践 / 孙凤著 . — 长春：
吉林出版集团股份有限公司，2021.9
　　ISBN 978-7-5731-0411-3

Ⅰ . ①图… Ⅱ . ①孙… Ⅲ . ①图书馆服务—读者服务
—研究 Ⅳ . ① G252

中国版本图书馆 CIP 数据核字 (2021) 第 185007 号

TUSHUGUAN DUZHE FUWU LILUN YU SHIJIAN
图书馆读者服务理论与实践

作　　者 / 孙　凤　著

责任编辑 / 张　杰
责任校对 / 范德利
封面设计 / 李元红
开　　本 / 710mm×1000mm　1/16
字　　数 / 150 千字
印　　张 / 9.5
印　　数 / 1-1000 册
版　　次 / 2022年6月第1版
印　　次 / 2022年6月第1次印刷

出　　版 / 吉林出版集团股份有限公司
发　　行 / 吉林音像出版社有限责任公司
地　　址 / 吉林省长春市净月区福祉大路 5788 号出版大厦 A 座 13 层
电　　话 / 0431-81629660
印　　刷 / 三河市嵩川印刷有限公司

ISBN 978-7-5731-0411-3　　　　定价 / 45.00 元

前　言

早在公元前 3000 年，人类社会就出现了图书馆的雏形，它源于人们保存记事的习惯。经过 5000 多年的发展，图书馆逐渐演变成搜集、整理、收藏图书资料以供人阅览和提供情报服务的文化参考机构。它具有保存人类文化遗产、开发信息资源、提供社会教育等职能。随着社会经济、文化的发展，又出现很多新的图书馆类型，如国家图书馆、公共图书馆、大学图书馆、专业图书馆等，它们在社会文化活动中承担着不同的任务。长期以来，图书馆界围绕图书馆服务进行了各方面的研究和实践，在不同时期赋予了图书馆服务不同的内涵。

全心全意为读者服务是图书馆的根本宗旨，是图书馆工作的出发点和落脚点。这就决定了读者服务在图书馆整体工作中占有非常重要的地位，起着非常重要的作用。因此，研究图书馆读者服务的发展规律，探究国内图书馆读者服务工作现状与问题，审时度势，加快发展，开拓创新，探索多元化的发展道路，是本书的宗旨，也是本书追求的最终目的。

在本书的写作过程中，为了能把最新、最前沿的知识介绍给读者，笔者直接、间接地参考引用了国内外许多相关文献资料，恕不能一一列举。在此，向所有作者表示诚挚的谢意。

囿于笔者水平不足，加上时间仓促，本书不免存在不当之处，恳请专家与广大读者批评指正。

目 录

第一章　图书馆服务

第一节　图书馆与图书馆服务

一、关于图书馆的起源和定义

（一）"图书馆"的起源

社会中政治、经济、文化的持续发展与繁荣孕育了图书馆。图书馆的发展过程并不是一蹴而就的，而是与社会的进步有着密切关系的。

拉丁文的"Liber"（图书）是"图书馆"英文"Library"的起源，其含义为藏书之地。虽然图书馆在我国的发展历史十分久远，但是各个时期的称谓却有所不同，通常以"楼""阁""院""台""殿""斋""堂"等词来命名。图书馆在西周时期名为盟府、两汉时称为石渠阁、隋朝叫作观文殿、宋朝为崇文院、明代称为澹生堂等。到了1879年的时候，日本将"东京书籍馆"正式改名为"东京图书馆"，不久"图书馆"一词传入我国，从此我国开始将藏书地称为"图书馆"。1902年，清政府颁布了《学堂章程》，章程中第一次使用新的藏书地称呼——"图书馆"，并将其作为藏书地的官方称呼。从此"图书馆"这一称谓一直沿用到现在。

（二）图书馆的具体定义

对于图书馆定义，可从广义、狭义两个层面阐述。广义层面上的图书馆是对图书馆这一具体人类文明的概括性说明，是对图书馆作的一般性概述，在任何社会制度、任何国家、任何时代都适用。而狭义的图书馆特指特定时期、特定的社会制度或者某些具有特殊作用的图书馆。

1. 国外对图书馆的定义

《英国大百科全书》对图书馆的解释为：图书馆是集中收藏多种书的场所，这些书可用于阅读、学习参考或各种研究。

法国《大拉鲁斯百科全书》对于图书馆的释义是：图书馆的主要任务是收藏各种用文字表示的、通过各种方式来表达人类的思想与精神的资料，藏有各类书籍资料，服务于研究、学习和情报工作。

日本《广辞苑》将图书馆定义为：图书馆主要负责搜集大量书籍并妥善保管，以供公众阅览，是一个公共文化场所。

《苏联大百科全书》对于图书馆的解释是：图书馆组织社会大众科学地利用各种出版物，是文化教育协助单位。图书馆专业而系统地进行文献的搜集、整理、收藏与宣传工作，为广大读者提供文献资源，还组织开展与图书情报相关的诸多工作。

2. 国内对图书馆作出的定义

从 20 世纪 30 年代开始，我国就开始了图书馆研究，有学者给图书馆下了定义。刘国钧认为，图书馆致力于搜集记载人类的思想活动与学习活动的所有文献资料，梳理、整合之后，采用科学而有效的方法进行保存，以便全体社会公众使用的机构。

《辞海》将图书馆描述为：图书馆作为社会公共文化组织，主要负责搜集文献资料，按照系统方法整理，妥善收藏并进行流通，为学习、研究提供参考资料。

卢震京在 1958 年出版的《图书馆学辞典》中对图书馆的定义是：图书馆是依据本馆的特定需要，广泛搜集文学、建筑、艺术、科学等各个领域的优秀成果，按照系统方法进行整理和分类，为大众提供文献资料，是支持大众开展终身学习、娱乐、休闲等活动的场所。

黄宗忠等人在 1960 年通过《关于图书馆学的对象和任务》一文表示：图书馆通过图书和文献的搜集、整合、存储，通过宣传和流通发挥图书、文献的价值，使其服务于一定政治路线与阶级利益，是文化教育场所。

21 世纪伊始，我国图书馆界便对图书馆重新作了定义，并进行了广泛讨论。胡述兆认为，图书馆通过科学方法收集、加工、保存各种类型的印刷类及非印刷类的文献资料，以供读者充分利用的一种社会文化机构。王子舟对图书馆的新定义为：图书馆是存储书籍、期刊等各类文献的机构，通过技术手段对图书馆的馆藏进行优化控制，为读者检索和使用提供便利，保证大众基本的文化权利，使其能够自由而平等地获取所需文化资源。

由于互联网等新兴技术的飞速发展和广泛普及，一切事物都发生着这样那样的变化，图书馆也不例外。新兴技术的应用优化了图书馆工作的流程，使馆藏得到扩充，服务水平得到提升，服务范围相应地也得到扩大，促使传统图书馆逐步实现数字化。引发了如何对图书馆定义的学术争鸣，造成这种局面和变化的是日益发展的信息技术和网络技术。

社会不断发展、不断进步，图书馆也不例外。这使得我们无法准确而科学地给图书馆下定义，只能具体到某一时期，给特定阶段的图书馆作出比较科学、准确的定义。

二、图书馆提供的服务

图书馆服务是图书馆最为基础、核心的部分，是图书馆工作的重中之重。以图书馆的服务理念为出发点，阮冈纳赞提出了"图书馆学五定律"，刘国钧提出了"图书馆学要旨"，充分说明了图书馆服务具有的实际意义。

（一）对于图书馆服务概念的定义

图书馆服务即图书馆利用自身的馆藏和设施为读者提供所需文献资料的活动。因此，图书馆服务又叫作图书馆读者工作。当前，图书馆除了能够向读者提供在馆阅览和印刷资源外借服务外，还能提供参考咨询、文献缩微复制、在线检索、专题文化讲座、图书展览等各种服务。

图书馆服务所包含的因素有：①服务对象。图书馆一般以读者个体以及以读者为主体的各类社会组织为服务对象，但并不是所有的社会个体和组织都是馆藏资源使用者。②馆内资源，也可称图书馆具有的服务资源。馆内的资源包括全部文献、各种设施、工作人员及其他所有能够被个人和社会利用的资源等，均为图书馆资源，是图书馆提供服务的必要基础与前提。③服务对象的实际需求。通常以文献资源为主，包括其他类型的服务需求。④促使服务完成的方式和手段。图书馆通过利用自身的资源，采用多种服务方式，以满足广大用户需求的活动就是图书馆服务。图书馆服务的定义除对当前开展服务的实际情况作了概括之外，还顺应了图书馆服务发展的趋势。

（二）图书馆服务的构成要素

服务对象、基础资源、服务方法、组织管理是构成图书馆服务的四个基本要素，在时代的发展中，读者个体对信息的需求愈加多元化，这四个要素之间相互联系、相互作用，促使图书馆的各项服务不断变革和完善，从而更好地满足读者需求。

1. 服务对象

读者是图书馆服务的对象，也是馆内文献和资源的直接使用者。因此，读者也被叫作信息资源用户。"读者"这一概念非常宽泛。就图书馆方面来说，读者可以是社会中的个人，也可以以单位或集体的形式出现。读者是通过一定的方式得到授权，有权利用图书馆各项资源的所有社会成员。读者是图书馆文献的利用者和接受者，图书馆要开展读者服务的有关活动，首先就需要读者对文献信息加以利用。

2. 基础资源

所有工作的顺利开展都离不开基础资源，服务工作也不例外。图书馆作为社会特殊行业，其基础资源包括馆舍、软件设施、硬件设施、馆内工作人员以及基本的馆藏资源。具备了馆藏资源，才能更好地提供服务。图书馆的文献资源一般是基于本馆的读者群及自身的服务任务长期积累形成的，涵盖面非常广泛，内容丰富。图书馆资源具有三大主要特征：①有大量的文献资源。既有传统的印刷文献，又有现代化数据库资源。②信息资源有一套系统的体系，各方之间相互支撑，相互关联。③馆内资源与外界资源通过各种体系形成一套完整的、纵横交错的联合保障体系。这些特征共同保证了图书馆信息资源的完整性和可靠性，广大读者能通过图书馆得到从其他的社会机构难以获得的文献资源。这促使图书馆读者群体的规模逐渐扩大。这充分说明，图书馆想要履行好社会责任，在当今社会立足和发展，最基本的就是要保障自身的文献资源。

3. 服务方法

图书馆服务方法种类多样、层次多变，旨在为读者提供需要的各种文献信息。服务方式和服务手段共同构成了图书馆服务方法，它使读者服务工作和图书馆服务真正实现。随着社会不断发展，社会分工也越来越细化，各种服务方法逐渐演变并分化，目前的图书馆服务已非常多样化，包括期刊、图书类的印刷型资料阅览、复制、外借以及参考咨询等服务。此外，还提供数字资源库及网络资源类的服务。不同服务方法产生的历史背景不同，它们是相互独立的，同时又相互联系、相互渗透、相互补充，在适用范围内发挥着自己的功能和效果，相互促进、共同进步。随着文献信息对于社会的贡献越来越大，图书馆原本的服务体系也随之得以提升，服务种类也会越来越丰富。

4. 组织管理

为保证图书馆的各项服务工作高效、顺利地推进，必须进行科学的组织管理。对图书馆服务进行组织管理，是为保证公众对于文献及信息的需求能得到充分地满足，充分发挥各种因素的积极作用，对服务系统的运行、发展及变化进行有计划、有目的地控制。图书馆的组织管理不仅作用于服务的全过程，还贯穿于图书馆工作的各个环节。

（三）图书馆服务分类

1. 文献信息服务

图书馆中提供的文献信息服务分为图书阅览、读物外借、信息检索和数据库访问等直接为读者提供信息和文献资源的所有活动，这是构成图书馆服务的主要内容。图书馆的资源种类齐全，文献形式丰富多样，信息的组织与整理具有显著的科学性，在提供文献信息服务方面优势明显。随着网络技术的发展，人们搜索信息和文献更加便利，图书馆也基于网络技术建立了信息数据库，丰富了信息系统，为用户检索和应用文献资源提供了新的渠道。

2.非文献信息服务

图书馆非文献类的信息服务可分成两类：①依靠馆内工作人员完成的服务。他们通常受过严格训练，且具有从事信息资源服务的工作经验。馆员利用专业知识和经验面向读者提供社会教育和咨询服务。②通过图书馆的设备、场地与建筑等提供服务。公共图书馆是市民的公共活动空间，为广大的读者提供阅读、学习、研究、娱乐、休闲的场所，读者可充分利用图书馆的空间。

三、图书馆服务的发展历程

历史的车轮不断向前，图书馆也随着时代变化而变化，其服务的方式在时代的推动下不断演变，呈现出层层递进的阶梯状排列方式，每一个层次都源于上一个层次，每一个层次都优于上一个层次。

（一）文献实体服务

现已知最早的图书馆是考古学家发掘时发现的，在约公元前 3000 年古巴比伦王朝时期的一座寺庙废墟周围，发掘出了大批的泥版所制文献。无论是国内还是国外，古代时期的图书馆都整体表现出封闭性的特征，例如国外的皇家图书馆、欧洲早期的修道院图书馆，以及我国的殷商窖藏甲骨、周朝守藏室与隋唐时的书院等。通过研究这些早期的图书馆可以发现，古代设立的图书馆均以实体文献服务为主。

（二）关于书目信息的服务

书目的特点在于它并不是直接对文献资料进行组织和整理，而仅仅是整理和这些文献相关的信息。书目信息服务是对文献实体进行梳理，概括文献信息，为了让文献的需求者更便捷地获取相应文献而进行的统一组织和记录，这也是这项服务的最终目的。

造纸术、印刷术对于我国的文献传播与发展具有不可替代的作用。正是由于经济、便利的书写材料的出现，使得大量文献可以留存下来，也推动了书目信息类工作的产生。西方书目信息的服务出现时间要晚于我国，和近代图书馆发展是基本同步的。西方的文艺复兴、宗教改革等运动兴起，促使西方出现了近代图书馆。随后，资产阶级革命席卷欧洲，欧洲社会形态进入资本主义阶段，此时大工厂、大机器的出现迫切需要一批文化水平高的工人，于是教育开始平民化，普通民众也开始接触文献资料等一系列书籍，使得文献生产能力大大提高。教育的普及和发展带动全国的图书馆开始向普通群众开放。

17世纪时，德国图书馆学家G.诺德倡导，图书馆应向想到图书馆学习的所有民众开放，而不是仅仅服务于特权阶级。到了19世纪中期，由于工业革命在英、法等国相继完成，科学技术深入人心，科技革命迅速席卷整个欧洲大陆，科技书刊和文献索引等资料层出不穷。在经济腾飞、科技飞速发展的时代背景下，西方的目录学也得到了极大发展，其中最具代表性的是成立于1895年的"国际目录学会"，是全球目录学组织共同参与的，是世界目录学由传统走向现代的重要标志。

除此之外，图书馆活动和服务的重心开始发生偏移，不是以传统形式的实体文献类的服务为主，而是开始发展各种书目信息类工作、服务与管理等，特别是卡片目录、分类目录、二次文献的开发等，包括新书和期刊目录报道、书目推荐服务，还建立了书目情报系统进行书目控制。

（三）参考咨询服务

参考咨询服务是对书目信息服务的一种提升，能够更快、更好、更准确地满足用户的实际需求。这一服务强调图书馆具有的情报职能，同时也更加注重用户对信息的需求。参考咨询指的是图书馆的馆员通过协助用户进行信息检索、提供信息咨询服务及报道文献的方式来帮助用户的活动。

"参考文献"这一术语最早出现在1891年的图书馆研究文献当中，后来图书馆领域慢慢接受了与参考咨询服务有关的系统理论，并开始了实际的应用。

20世纪初期，大型图书馆都普遍设立了专门的参考咨询部门，并且大力发展，参考咨询慢慢发展成图书馆服务的一项重要内容。由于社会在不断发展，文献信息数量激增，同时用户的需求也不断增加，图书馆早期的参考咨询功能与实际需求不匹配。鉴于这种情况，参考咨询的功能也在不断发展，演化出了查找、评价、分析和情报资料重组等多种新的功能。

（四）信息检索服务

20世纪中后期，新学术思想极为活跃的西方工业化国家暴露出大量弊端，尤其是在信息处理方面，问题尤为严峻。一些科技发展水平高的国家，像德国、美国与苏联等，其科技文献资料和科研成果的积累量十分惊人，迫切需要处理和利用。此时，计算机问世了。计算机在文献加工领域的广泛应用使得新的科学和新的学科不断产生并取得良好发展。

计算机出现并被广泛应用，一些图书馆开始探索计算机在图书馆工作中的积极作用，如立足计算机技术构建数据库、结合通信技术实现联机检索等，使部分参考咨询工作实现了自动化。此外还为参照参考咨询服务制定了固定流程，形成了"接受咨询——用户查询——提供查询结果——建立信息咨询档案"等具体框架。这些新的发展与变化为信息检索服务的出现奠定了基础。

1945年，《诚若所思》问世，该文章是美国科学家范内瓦·布什（Vannevar Bush）所著，文中首次提出了通过机械化方式实现文献缩微品检索的设想；C.N.莫尔斯在1948年正式提出"信息检索"的概念；同年，《文献工作内容的改进和扩展》发表，文中总结了19世纪90年代以来文献工作的蓬勃发展，还提出了未来进行革新的必要性。这推动了图书馆信息检索服务的发展。

自20世纪50年代，图书馆信息的收集、整合，检索关键词的设计，用户需求的调查等都是围绕着信息的检索服务展开的。

20世纪90年代，随着计算机的普及和应用，各种计算机检索系统发展势头也十分迅猛，出现了一些大型检索系统。伴随着互联网的兴起，图书馆检索向着智能化、网络化的方向推进，注重深挖数据、发现知识。新型检索方式的特点包括多媒体、全文本、自动化，新的检索方式使图书馆具备了提供数字化服务的基础。

（五）网络化知识服务

20世纪90年代后，社会环境稳步向好发展，经济水平提升，带来了网络技术、信息资源、知识经济的繁荣。网络技术普及，图书馆走向数字化，信息资源网络化，信息系统也更加虚拟化。在这种社会背景下，信息检索服务必然向网络化知识服务的方向发展。这时，非公益性信息机构出于利益考量，绕过图书馆这一组织，直接为读者提供文献的检索与传递服务，使信息资源的服务市场甚至整个交流体系实现了重组。

赶不上时代的洪流就会被淘汰，尤其是在瞬息万变的数字化社会中，图书馆服务必须深刻反省自身的不足，调整服务策略，充实服务内容，将网络化知识服务作为图书馆的重点工作。

（六）智慧型服务

智慧型服务将知识转化成生产力，以知识服务为基础，以创造性的智慧作为搜集、整合、分析、组织信息资源的手段，从而推出全新的知识增值类产品，为用户的知识创新和应用提供支持。这种新型的服务方式与图书馆的传统服务方式不同，服务理念更新颖，服务方式更完善，服务质量更优质，且具有可持续发展的新特点。

智慧型服务的基本目的就是将前端与后台（读者与馆员）实现智慧互联。通过网络的数字编码功能和感知功能主动对知识进行描述，避免了碎片化信息，使信息、读者与馆员不再是单独存在的个体，而是互相连接、互相感知。

不仅如此，智慧型服务还能够利用高科技投影以及传感设备将实物进行虚拟化展示。创造情境，以了解用户的兴趣爱好、阅读偏好等，及时推送用户感兴趣的、需要的资料；构造虚拟地图，对用户提供地图指引、自助借还等服务。

图书馆智慧服务主要的管理对象是馆内资源与广大用户。智慧服务表现在两方面：①馆内资源。馆藏资源借阅、扫描、打印，阅览室或自习室座位预约、图书逾期线上支付款项等；此外，还包括通过智能管理系统控制图书馆内的温度、湿度、光线，将其控制在合理的范围；日常的运营管理和常规维护，包括摄像头、门、窗等物理环境的维护与管理。②用户。对图书馆的个人用户借阅情况进行智能分析，通过用户跟踪了解用户的个人偏好，以为其提供更完善、更深层的个性化定制服务。智能服务这种深层次的服务模式深化了各服务对象的感知和互联，使馆内物物相连、物人相连，使图书馆内的管理更加高效，服务更加便捷。

不管是传统服务，还是智慧型服务，都要遵循以人为本的服务理念。相比传统服务，智慧型服务的技术更为丰富。不同以往，智慧型服务对用户需求的感知是主动的，是个性化的，能够精准地为用户提供资源服务，为用户营造舒适的阅读环境，为用户尽可能全面地提供信息。不仅如此，为了方便用户，很多图书馆还安装了自助设备和 3D 馆内环境导航设施，将人性化服务理念落实在工作的各个环节。

四、图书馆在服务中遵循的理念

图书馆是公共性质的文化机构，应树立"以人为本"的服务理念，以让用户满意为宗旨开展服务工作。

（一）国外图书馆服务理念

1. 杜威"三适当"原则

1876 年，杜威就图书馆服务提出了"在适当时间针对适当的读者提供适当的服务"，即后来图书馆在工作实践中所采用的"三适当"原则。这一准则首次明确图书馆服务必须和馆藏资源的选择、提供结合起来，是全新的图书馆服务理念。

2. "一切为了读者"的思想

"一切为了读者"是列宁针对图书馆工作而指出的，他要求图书馆必须为读者提供便利，通过资源和服务有效吸引读者，同时还要满足读者所有的合理需求，通过引导让读者有效地利用每一本图书。列宁还提出，图书馆的开放时间要最大限度延长，除正常的工作日外，节假日也要开放；在服务范围上，既要对学者开放，又要对普通群众开放，扩大图书馆的受众群体；在服务的方式上，重视馆藏资料的流通与使用，馆际互借、开架借阅，免费提供藏书；在服务过程中，从读者的角度考虑问题，在不违背原则和制度的情况下灵活地满足读者的需要。

3.阮冈纳赞的图书馆学"五定律"

图书馆学"五定律"是印度的图书馆学之父——阮冈纳赞通过其在1931年所发表的《图书馆学五定律》一书提出的。

第一定律"书是为了用的"。图书馆想要存在且正常开展工作，前提就是要遵守这一基本的法则。第一定律改变了图书馆传统的职能，使其不再只强调图书的收藏与保存，从而使图书更能发挥本身的作用，更加注重图书的利用。

第二定律"每一个读者有其书"。读者均为平等的，图书馆应一视同仁地看待所有读者，以人为本。进入图书馆读书、学习不是少数人的权利，而是所有人都应该拥有的平等的机会。这一定律体现了当前图书馆服务的本质特征，体现了图书馆人性化服务、"书为人人"是未来发展的新趋势。

第三定律"每本书都有读者"。书的内容及专业倾向不同，导致其适用范围和适用人群各不相同。因此，图书馆应采用更多的方法和手段为藏书找到合适的、需要它的读者，使图书馆的服务更具针对性。这一定律为图书馆读者服务奠定了理论上的基础。

第四定律"节约读者的时间"。要让读者花费更少的时间，需要图书馆提高自身服务效率，更深层次的要求就是要对图书馆管理的办法进行改革，使其与现代图书馆运作节奏相匹配。

第五定律"图书馆为一个持续生长的有机体"。所有事物都处于变化发展之中，图书馆也不例外，发展着的包括图书馆藏书、工作人员以及读者。这条定律揭露了图书馆工作发展的本质，明确了图书馆可持续发展的具体路径。

阮冈纳赞的"五定律"以杜威的"三适当"准则作为基础，是"三适当"准则的进一步发展。它继承和发展了"三适当"准则中的有益部分，揭示了图书馆的价值、发展规律与机制，强调了"以人为本"人性化的服务理念，表达了图书馆的发展要与社会需求相一致的可持续发展思想，深深影响着后来图书馆学的发展。此后，"五定律"被奉为图书馆界的经典理论，为现代图书馆相关服务理念的确立定下基调。

4. 米切尔·戈曼的图书馆学新五定律

被人们称为"新五律"的图书馆五条新法是由米切尔·戈曼于 1995 年提出的，新的五定律以原来的"五定律"为基础，经过创新形成。

第一定律：图书馆为人类的文化素质服务。图书馆的所有工作应服务于个人、社会团体乃至整体社会，这是推动图书馆发展的第一大驱动力。

第二定律：重视传播知识的方式与方法。随着时代的发展、科技的进步，知识传播的新方式层出不穷，面对这些新兴传播方式，图书馆的机遇和挑战并存，应对得当会成为原有传播方式的增强和补充，否则就会被科技冲击，甚至被淘汰。

第三定律：合理运用科学技术来提高服务质量。科技水平不断提升，新技术、新方法不断涌现，将这些先进的思想、技术与现有的服务相结合，充分发挥科学技术的优势，对服务的质量进行升级。

第四定律：确保知识能够自由存取。图书馆汇集了人类从古到今的所有文化成果和知识，就要向所有公众开放，努力使所有人都能有书读、读到好书，为所有人的学习活动提供均等的机会。

第五定律：尊重历史，开创未来。创新不等于否定过去，而是要在传统的图书馆服务中推陈出新，继承和发扬传统图书馆好的部分，改革和调整传统图书馆中有缺陷的部分，以可持续发展的眼光看待图书馆服务，在不影响自身特色的前提下与时俱进，在时代发展中立于不败之地。

"新五律"新时代背景下对阮冈纳赞五定律的再度解读，具有鲜明的近现代图书馆特征。时代在发展，科技在进步，用户的需求产生了极大的变化，新的内容不断涌现，这使得图书馆的工作不同以往，更要随着时代的发展推陈出新。新的时代，图书馆的工作要更加注重为大众文化素质的提升、知识的传播和自由存取提供服务。

5. "3A"服务理念

"3A"具体指"Anytime——任何时间""Anywhere——任何地点""Anyway——任何方法"，这一理念要求图书馆要让用户在任意时间、任意地点，采用任何一种方法，都能以方便、快捷且高效的方式得到图书馆的文献信息服务。这一理念的实现，除了要依靠图书馆强大的实体服务体系，还与互联网虚拟现实的快速发展密不可分。首先，图书馆的实体服务包括阅览、流通等部门，还有各个部门设置的参考咨询处，这些部门相互依存，共同支撑起图书馆的实体业务。其次，图书馆基于互联网的虚拟用户服务可以建立起网上参考咨询台，方便用户与馆员通过电子邮件等方式进行线上交流，获取所需的指导与帮助。还可以在咨询处设在线词典、百科全书、地图等应用程序，以辅助用户更快、更好地获得资料，掌握资源。

图书馆今后的发展离不开实体和网络的充分结合应用，只有这样才能使图书馆打破时间、空间的枷锁，从有限变为无限，更及时、便捷地向读者提供多元化的服务。

（二）我国图书馆的服务理念

1. 柯平的"新五定律"

南开大学的柯平教授针对图书馆服务提出"新五定律"，是立足于阮冈纳赞的"五定律"和米切尔·戈曼的新五定律，结合当前图书馆的发展要求做出的提炼与升华。

第一定律为全心全意服务每一位读者与用户。重视读者在图书馆工作中的中心地位，充分尊重读者，真诚的为读者提供服务。

第二定律是服务要做到效率、质量与效用统一。将效率放在首位，为节约读者时间，需要快速地提供读者所需的文献和信息；强调"质量"，提供给读者的文献和信息要准确；还强调"效用"，所提供的文献和信息要充分发挥其本身的作用，从而实现更大的经济效益和社会效益。效率、质量、效用缺一不可，只有三者统一，才能使服务达到最优水平。

第三定律是提高读者及用户素养。图书馆与读者存在密切的联系，如果图书馆的服务质量高，那么读者的素养就得以提升；反过来，读者的素养越高，就更能带动图书馆的发展。

第四定律是保障信息资源自由存取。这是图书馆服务的目标，强调图书馆的自由性，但该定律的实现难度却很高，不仅需要图书馆自身的努力，还需要有利的社会环境及科学技术的大力支持。

第五定律为传承人类文明。这一定律表达了图书馆的首要责任和存在的意义，图书馆存储着人类文明发展的成果，并将此转化为不竭的生产力和财富，推动着社会进步。

2.范并思的图书馆学新五定律

当前，新的科技浪潮不断冲击着各行各业的发展，图书馆也不例外。面对新的社会环境，范并思先生为图书馆学五定律赋予了新的内涵。2006年3月，图书馆学新五定律问世，并被范并思先生发表在博客中。

第一定律是"图书馆要提供具有参与和共享特征的服务"。图书馆要在人性化服务的基础上赋予读者更多自主权，让读者主动参与馆内的一切服务，并相互分享。

第二定律是"图书馆无障碍"，指的是读者都能够快捷、顺畅地获得自己所需的信息。

第三定律："图书馆要无处不在"。依靠信息技术使图书馆随时随地可被利用，才能更充分地发挥图书馆的效用。

第四定律是良好的用户体验。对于飞速发展的社会而言，时间和效率无疑是最重要的，在图书馆中要将资源和服务做到最优整合，给读者最佳的体验。

第五定律是"永远的Beta版"。社会不断向前发展，图书馆也应不断进步，在网络时代，图书馆应永续生产，时时更新。

新的时代对图书馆有着新的要求，正如范并思教授所提出的图书馆学新五定律那样，新时代的图书馆更加重视人性化的读者体验，更加强调以读者为中心。图书馆的服务不应只是存在于图书馆馆内，而是无处不在，且高效、无障碍。

通过总结图书馆的服务理念可以发现，不管时代怎样变化，图书馆发展所围绕的核心都是"服务"，而服务总是随着时代的变化而不断进步。无论图书馆的形态有什么样的改变，其服务的出发点和理念都只有一条——"读者第一、服务至上"。

第二节　图书馆服务的特点与内容

一、图书馆服务的特点

图书馆服务得益于科技水平的提高和计算机网络的全面普及，呈现出了一系列新特点，如服务的虚拟化、文献多样化、信息共享化、需求个性化、交流互动化、服务多元化等。

（一）服务虚拟化

虚拟服务是现代信息网络技术发展的产物，打破了原有的传统服务模式，是一种信息服务新模式。图书馆提供的虚拟服务一直在不断发展，分为服务资源虚拟化和服务方式虚拟化两种。服务资源虚拟化是在图书馆的庞大馆藏资源的基础上建立的，其中包含馆内实体文献信息资源（将信息资源进行数字化）和多种互联网资源。这种即时的虚拟服务突破了时间和空间的限制，随时随地为读者提供信息。

（二）文献多样化

在视频、音频、数字化信息不断涌现的今天，以实体为主的印刷型文献资料已经不能满足读者日益多样的信息需求和阅读方式。因此，图书馆要紧跟数字资源的发展趋势，在重视印刷型文献的基础上，广泛吸收各式各样的信息资源，向读者提供全面的信息。这样能补充和完善图书馆资源，还能全面提升图书馆保存文献信息的能力。

（三）信息共享化

信息共享化是互联网发展所带来的最直接、最广泛的便利，信息不再只局限于某一个区域甚至某一个图书馆了，而是逐渐形成了一个集各个图书馆于一体的泛在云图书馆。这种泛在云图书馆是基于网络共享技术产生的，将一个个现代图书馆当作整个社会信息网络的节点，整合各类资源，使其互相联系而建立起来的。如今，人们越来越习惯于通过某个节点获取尽可能多的资源，使得信息共享有了更大的空间，各图书馆间的信息交互更加频繁，并逐渐成为现代图书馆服务中不可缺少的一部分。共享技术和共享思想在这种趋势下得到良好发展。

（四）需求个性化

人的需求不是千篇一律的，而是根据其自身的特点、工作、学习等有着与众不同的个性化服务需求。随着社会的不断发展和人们学习意识的不断提高，人们对于图书馆服务也有明显的个性化需求。这样的背景下，图书馆要紧随时代发展的脚步，建立一支专业的馆员队伍，了解用户的个性化需求，保障信息的综合应用，为用户提供 24 小时不间断的自助式、个性化服务。

（五）交流实现互动化

及时与读者交流是图书馆获得用户反馈最重要的渠道之一。在新的时代背景下，网络通信崛起，图书馆同读者交流也采用了网络互动的新形式。

就图书馆方面而言，实现互动之后，图书馆对读者信息需求的了解会更加准确和及时，可根据需求来提供信息，并以更简单、快捷的方式提供给读者。就读者而言，读者能够自由地向图书馆表达自己的信息需求，随时随地获取图书馆所反馈的信息，减少了操作的烦琐性和盲目性。

在读者之间的交流方面，读者不仅可以与图书馆沟通交流，还可以与其他用户互动，读者可以将个人的文献资料上传到信息共享平台，与其他的读者共享。

（六）服务多元

仅仅依靠单一服务，图书馆已经不能满足当下用户的各类需求，用户越来越习惯于在一个平台中可以完成集信息查询、资源获取、阅读及发布功能于一体的集成式服务。图书馆利用现代技术，搭建起属于图书馆的网络服务平台，利用网络进行资源开发、应用和调度，根据用户的信息需求获取相应的信息，并提供给用户。

平台的构建为读者带来了便利，读者无须再受制于图书馆的营业时间及地理位置，可以利用平台随时随地查阅资料。无论何时、何处，只要有网络读者就可以进入图书馆的网络平台阅读书籍、查阅资料。

二、图书馆服务的内容

图书馆各项工作均围绕"服务"来开展，由此形成了一个完整的工作体系，这一体系包含五大方面，分别是：用户研究、组织读者、组织服务、宣传辅导和服务管理。

（一）用户研究

图书馆服务是围绕读者开展的，读者作为图书馆工作的重要指向，是图书馆获得发展的一个关键因素。读者与图书馆的关系是相辅相成的，图书馆足够了解读者，才能更好地进行工作；读者足够了解图书馆，才能更好地满足自己的各项需求。要使图书馆服务工作顺利开展，首先要对读者进行系统地分析和研究，研究读者的阅读规律及文献需求。掌握这些需求与规律，能够帮助图书馆了解读者，从而加强读者服务的针对性，还能够不断改善图书馆的整体服务质量，使服务领域得到拓展，服务方式得到改进，提高服务水准。

1. 读者的文献需求研究

读者的数量众多，由于其职业、生活习惯、学历层次等不同，他们的阅读需求、阅读目的及规律必然存在区别；即使是同一位读者，在人生的不同阶段所需要的信息资源也是有明显差别的。现代图书馆要特别关注不同类型的读者，找出他们的需求特点和差异，从而有针对性地提供相应服务。

2. 读者的阅读规律研究

这一项研究主要有两个方向：一个方向是研究读者行为及心理规律，即研究读者阅读的动机、兴趣、能力和习惯，分析读者在信息资源使用中呈现特点，并对读者个体的实际阅读效果作评估；另一个方向是研究读者信息素养、信息意识，探究社会环境和读者需求结构之间的关联，分析社会发展对于读者具体文献需求造成的影响。

（二）组织读者

为了有效服务和有序管理，图书馆需要围绕读者进行组织方面的一系列活动。新时代，各行各业的发展可谓日新月异，图书馆也不例外，其环境与任务也在不断变化。这就要求图书馆要牢牢把握住读者阅读的规律，了解读者的实际需求，顺应时代发展，使服务紧紧围绕读者的需求。

读者是图书馆赖以生存和开展工作的前提，图书馆要组织读者，首先要发展读者队伍。图书馆有明确而固定的读者群，图书馆的类型不同，其发展读者的重点和方式也有所差别。

1. 公共图书馆

这类图书馆是最普遍的图书馆形式，读者的涵盖面十分广泛，因此构成更为复杂，组织和管理的难度相对较大。一般是由图书馆对有图书需求的个人或团体所提出的注册申请做出批复，决定申请者能否成为该图书馆的读者。

2. 高校图书馆

此类图书馆为本校的师生和员工服务，外来用户极少甚至没有，因此读者成分较为单一，组织和管理更方便。在确定正式读者时，通常是由图书馆先登记读者的基本身份信息，注册个人账户，之后再发放借书证。

3. 研究机构所设的图书馆

该类图书馆的读者主体与高校图书馆是非常类似的，只对本研究机构内部的人员开放。

由于各类图书馆的主要目的与任务是不同的，各馆的资源、人员、环境和经费并不统一，服务方面也存在着一定差别。而读者类型和读者层次又受年龄、工作性质、文化程度、职业特征等因素影响，导致各类型、各层次读者对于图书馆的服务需求存在明显差别。图书馆要根据读者的类型和层次划分出有共同需求、共同行为的读者群体，并制定出适合他们的图书馆使用权限和服务方式，针对不同读者需求实现差别化服务。

一般而言，首次入馆的读者需要进行注册，通过身份认证并取得借书卡后才能成为图书馆的正式用户。这十分考验图书馆的读者管理、划分和发展方面的制度。只有注册流程得以完善，才能更好地利用这些信息了解读者、研究读者，为图书馆未来的工作奠定基础。不仅如此，这些信息还与图书馆的绩效、发展规划、管理改革等直接相关。

（三）组织服务

图书馆的组织服务以其掌握的读者需求为基础，结合自身各种资源组织开展的服务，从多个角度入手，分成多个层次，提供全方位的服务。组织服务的内容为：拓展原来的服务范围、增加服务的项目、创新服务方式、改善服务质量等。这些内容不是一成不变的，而是要根据新时代下图书馆的变化和读者的需求而不断做出调整。

由于读者群体、层次以及需求具有复杂多样的特点，因此不同图书馆要根据其所处环境、馆藏资源及馆舍设备等方面进行自我调节，建立起多层次、多种类的综合服务体系，以满足不同层次读者的需求。

现代图书馆的出现有赖于科学技术的发展和网络的普及。以实现数字化为目标的现代图书馆，以发达的网络为基础，不断拓宽服务的范围，以方便读者解决资料选择和资料获取的问题。

尽管图书馆组织服务的开展要根据其自身条件和社会发展情况来决定，但图书馆也要朝着切实提高服务水平、增强组织服务能力的目标不断努力奋斗，以最好的资源和状态为读者提供及时、准确的信息。

（四）宣传辅导

作为社会文化公共服务机构，图书馆肩负着社会教育职能，具体而言包括三方面：

（1）读者宣传。读者宣传的形式多种多样，目的是及时把图书馆内读者最需要、最关切的信息以主动推荐、主动提供的形式展示给读者。对读者的阅读需求及规律进行深入研究，是读者宣传的前提，以宣传图书馆先进思想、前沿科技和最新信息为主要形式，是对读者进行科学管理的基本手段之一。

（2）读者辅导。图书馆进行读者辅导，首先需要考虑的就是馆员对图书馆的各项服务流程、信息资源的掌握程度,这是开展读者辅导的基础。其次,要根据所掌握的读者信息,为读者提供不同层次的咨询服务,引导读者选择最有效的服务方式、明确阅读范围,帮助读者利用资源,保证资源利用有实效。

(3)读者培训。培训的方式多种多样,包括讲座、参观、教学等,一般以培养读者的学习欲望和提高读者检索信息的技能为目的。首先是图书馆对读者群体进行分类;然后再根据这个读者群体的共同需求制定相应的培训模式,使读者意识到图书馆是终身学习的首要文化场所,要有能力利用图书馆的基础设施、设备及其资源不断实现自我提高。

(五)服务管理

为保证图书馆服务的顺利进行和更好、更快向前发展,向读者提供方便、完善且高效的服务,必须对图书馆的服务进行科学管理。通常,服务管理分为三个层次:①人员管理,如调节人员配置、明确人员岗位责任、建立健全各种规章制度、优化人员分工与业务流程设计等;②设施管理,如及时更新图书馆设备及技术,创建良好的服务环境,完善服务体制等;③服务对象的管理,如制定读者发展的政策和计划等。

图书馆服务工作五个方面的内容相互制约、互为保障、缺一不可。首先,读者服务工作的前提就是要组织和研究读者,为后续工作打下坚实的基础。其次,要对服务的各项工作进行科学、有效的组织,构建起内容丰富、层次分明的服务体系,为图书馆实现社会价值提供保障。再次,开展宣传活动不仅能够充分实现图书馆效能,还能够提高读者整体素质、增强读者获取信息的能力。最后,对图书馆的服务进行有效管理是图书馆服务顺利开展的有力保障。

第三节　图书馆服务的原则

一、以人为本的原则

以人为本原则要求图书馆要把为读者当作各项工作的中心。图书馆的各种资源，如员工、文献资料以及场地设施等都应调动起来，为读者提供尽可能便捷、全面的服务。坚持以人为本的服务原则，要贯彻以下三个方面的基本内容：

（1）要做到以读者的利益为出发点，尽可能地消除图书馆中的种种障碍，为读者获取图书馆的各种信息资源提供便利。然而"以人为本"的服务原则却很难在根本上得以实行，原因是一些图书馆为更好地实施管理，设置了一些限制读者的制度与管理细则，这些制度与规定往往忽视了读者的客观需求。这就需要图书馆逐步调整和完善管理措施，在科学管理的基础上兼顾图书馆、工作人员、读者之间的关系，保护读者的利益。

（2）对馆内资源进行系统化的整理，使馆藏资源布局更加合理，使检索和获得信息的方式得以全面优化。图书馆的馆藏资源与日俱增，浩如烟海，种类也十分丰富，庞杂的内容和多样的形式使读者查找文献、获取信息变得十分困难。只有对文献资源进行科学组织和布局，将其整合为有序的整体，才能建立起方便且精准的统一目录和检索体系，便于工作人员的管理，帮助读者及时获取所需资源。

（3）建立协调统一的服务体系，为读者提供方便又快捷的服务。网络化、自动化等服务方式在现代图书馆已发展得愈加完善，坚持以人为本的服务原则，多种服务方式并行，积极构建现代图书馆的完整服务体系。

二、平等原则

平等是图书馆服务的一个基本原则。所谓的平等原则，体现在权利和机会两个方面。

（一）平等享有权利

1972年，联合国教科文组织与国际图联共同制定并推出了《公共图书馆宣言》，其中明确规定公共图书馆必须向所有社会成员免费开放。

图书馆界的"人权宣言"中规定"图书馆面前人人平等"。图书馆管理者和工作者应坚守"读者的权利不可侵犯"这一职业信念，充分保障读者的权利。图书馆的所有读者都应享有图书馆所赋予的平等合法权益，这些合法权益是人人都应享有的，不带有任何特权色彩的。这些权益包括：获得图书馆用户权限的权利；进行阅读的权利；咨询与寻求帮助的权利；参与并监督图书馆各项管理的权利；个人隐私不受侵犯的权利；遵守馆内规定的权利及义务；提建议的权利；接受辅助性服务（卫生、安全）的权利；评价馆方工作的权利；在自身利益遭到侵害时提出诉讼、接受道歉、要求改进的权利等。

（二）平等享有机会

1994年，由国际图书馆联盟起草的《联合国教科文组织公共图书馆宣言（修订版）》对"用户平等、抵制歧视"进行了详细解释："要向因各种原因不能自由获取图书馆服务的群体，如残障人士、重病住院患者、处于服刑期的犯人等提供必需的文化服务及阅读资料。"这说明图书馆除了要保证用户能平等地行使图书馆的相应权利以外，更要为弱势群体用户创造机会，使其能平等利用图书馆资源。弱势群体包括老人、住院病人、残疾人、犯人等一切不会或无法利用现代化设施获取信息的用户，图书馆需要给这样的群体更多关注，提供更人性化的服务，以弥补他们自身存在的客观差异。对待弱势群体，图书馆不仅要在行动上做到一视同仁，更要在思想上做到平等对待，努力保障弱势群体在图书馆所享有的权利。

平等和人文关怀是相对统一的两个概念，只有用户平等享受权利才能感受到人文关怀，而人文关怀的基础就是平等。追求人文关怀的平等原则首先要保证用户方便、快捷地接触并使用资源；其次是使图书馆环境相对轻松、自由，营造"无障碍"图书馆；最后，要尊重每一位用户的隐私，图书馆有责任对用户所查询和利用的各项信息内容予以保护。

三、开放原则

开放是图书馆向用户提供服务的前提，只有开放了才能对图书馆的用户提供服务。图书馆应按照以下几点要求开放：

（1）保证开馆的时间是连续的。图书馆要做到工作日开馆时间尽可能地延长，节假日不闭馆；虚拟图书馆则要提供 7×24 小时的不间断服务。

（2）保证图书馆对所有用户开放。图书馆赋予所有用户的权利不应因其国籍、种族、年龄、地位等不同而有所差别，使图书馆作为具备综合功能的社会文化中心健康发展。

（3）要保证图书馆软件与硬件配套设施齐全，包括文献资源、基础设施、场地等都要为用户开放。不仅如此，还要加强图书馆之间的联系，以求馆与馆之间的资源开放，实现资源共享，为本馆用户提供更多、更全面的信息资源。

（4）要保证图书馆的用户在图书馆监督方面的参与权和决策权。图书馆应以设立"读者意见箱""用户监督委员会"，广泛接受用户监督，寻找自身弱点，以求工作更加科学、完善。此外，还要让用户对图书馆工作进行决策和监督，使各项工作有序进行。

四、方便原则

服务的根本目的在于为服务对象尽可能地提供方便，使信息具有可获得性和易用性特征，图书馆服务也不例外。因此，如何为用户的信息获取和信息使用提供最大的便利，成为当代图书馆努力的方向。以为用户提供方便为原则和工作方向，是现代图书馆服务构建和谐关系的根本表现。

为尽可能向用户提供方便，图书馆在图书借阅、图书检索等方面做了许多新尝试。比如：图书馆以采光好的明亮大开间作为建筑与装修风格，方便用户了解馆内情况；划分信息资源区域并设置引导标识，为读者做好指引工作；为馆藏文献资源建立准确、规范的信息检索资料库，且检索方式简易化，以方便用户查询；实行开架借阅，合理安排书目的摆放，使读者拥有与信息资源直接接触的机会；简化办证手续，提高馆内借阅效率，减少读者查询、等候的时间；建立网络化服务平台，这样能为用户提供全天不间断的信息检索和参考咨询；设置无障碍设施；开展自助借还、借书上门的服务等。

图书馆为用户提供服务需要从多方面考虑，从细节处出发，以一切为了方便读者为目标。

五、服务满意原则

用户满意图书馆服务是最重要也是最为核心的一项原则，这是评估图书馆服务质量的金标准。图书馆的文献资源、馆员、服务的方式、整体环境、设施等是影响用户对图书馆服务评价的重要方面，用户对图书馆的期望与其实际感受的差别大小是用户对图书馆是否满意的衡量标准。

图书馆可按照企业管理的理论划分服务满意原则的层面，可分为三方面：服务理念、开展服务的行为、服务的视觉效果。

读者对服务理念感到满意，是指图书馆工作的策略、服务原则与办馆宗旨等管理方面的理念满足了用户心理。

读者对服务的实际行为满意，考验了图书馆各项服务在执行时的表现情况，其中包括规章制度、业务建设、服务态度、服务能力、服务项目、服务效果等。

读者对于服务视觉方面的满意，是指读者对馆内所有可视觉化形象感到满意。这不仅指环境、整体氛围、设施与设备，也包括了对馆内工作人员的工作表现与形象的满意。

服务满意这一项原则是图书馆开展工作的基础，始终坚持"一切为了读者"。为满足读者需求，要利用多个渠道、通过多个层次、采用多种形式，多种措施并重。

六、特色服务原则

如今，网络发展迅速，提升了信息资源的传播速度，也扩大了信息的传播范围，用户越来越不满足于当前普遍化的服务，转而需求个性化、特色化、专业化的图书馆服务和文献信息。因此，图书馆想要吸引更多用户，得到更好的发展，就要推出特色服务，打造自己的品牌。这要根据其工作任务、服务对象以及地域区别制定出有别于其他图书馆的服务方式、管理与信息搜集等方面的特色内容。为了解用户微观化和个性化的服务要求，图书馆要有针对性地对特定用户进行分析，以满足其特殊需要。

七、创新服务原则

要创新信息服务内容，以便从提供服务转向提供知识，增加网上咨询、网上查询和个人信息。例如，利用最新的网络平台开发服务模式，提供各种数据库服务、基于服务的知识、各种因特网或网络资源服务，推动虚拟参考服务活动，建立网络，改变一个提供智能代理服务的图书馆服务的地位。

一切的事物都在不断发生变化，图书馆也是如此。不断变化的一切自然包括馆内一系列文献、用户信息以及馆员的服务技能、专业能力等。图书馆要做到时时创新，首先要明确创新意识，这对图书馆提出了四点要求：①主动化。图书馆要以用户为一切工作的出发点，主动为用户提供尽可能方便的服务。②优质化。图书馆的服务要做到"精、快、广、准"，为用户提供新型、便捷的服务。③品牌化。图书馆要树立品牌化意识，将有别于其他图书馆的服务方式、馆藏、活动等加以突出，建立本馆的特色品牌。④专业化。图书馆内要建立起一套严格、专业、系统的服务规范与准则，用以督促馆员的行为。其次，在服务内容上要有所创新。图书馆要紧跟时代步伐，利用网络服务，由传统的线下服务转为线上、线下服务并重；对个性化需求提供多种服务方式；开展多种多样的馆内活动等。再次，对服务方法进行创新。单一的图书馆借阅模式已经跟不上潮流，基于互联网的发展势头，产生了各种线上服务，比如网上咨询服务、智能化代理服务、网络呼叫等。

八、资源共享原则

信息爆炸的时代，数据倍增，几乎每分每秒都有新的文献出版，层出不穷的信息资源使图书馆不堪重负，无法对每一种资源做到面面俱到地收集。这与新时代下日益增长的用户信息需求存在矛盾。因此，图书馆为解决以上难题必须要走资源共享的道路，加强馆际之间的共享，不仅能使馆内信息资源得到充分利用，还能使更多用户更方便地获取文献。

第四节　图书馆服务发展的整体趋势

一、图书馆服务的发展

为充分地运用图书馆内的文献信息类资源服务于社会公众的阅读需求，使图书馆价值得到完全发挥，图书馆界立足于用户服务和传统形式的读者工作，形成了图书馆服务。这是对读者服务和读者工作的进一步发展。图书馆服务的构成要素可拆解为三个：服务对象、具体服务内容以及要实现的服务目标。服务对象指有特定信息需求的个体读者、团体或组织等；服务内容是利用馆内全部资源和配备的设施；服务目标是让图书馆实现应有的价值、履行社会职责。不断变化发展的图书馆服务是基于其内涵而形成的，可从不同角度来分析。

图书馆的服务分为社会服务、用户服务及读者服务。社会服务指的是采用社会服务系统的信息网络实现社会教育，提高全体公民的质量；读者服务与阅读行为不可分离，是图书馆服务中最基础的工作；用户服务打破了原有的图书馆地域限制，用户登录图书馆官方网站就能轻松在线享受各项服务。

服务资源分成文献、信息与知识成果，三者是逐层递进的，不可分割。图书馆利用馆内馆藏（期刊、论文和专利等）开展文献服务；信息服务进一步扩展了文献服务的范围，以文献服务为基础，增加了信息技术和信息资源；知识服务的服务水平更高，其所包含的学科服务、查询服务等是立足于知识服务开展的。

服务手段包含人工服务、电脑辅助服务和数字图书馆服务。

科技不断进步，使得图书馆的服务手段和服务形式不断更新，从一开始靠馆员手工寻找书籍，办理借阅证等，到逐渐使用计算机辅助工作，后来利用虚拟技术推出了个人图书馆服务。随着技术的革新与升级，图书馆的服务范围得到拓展。

根据图书馆服务发展的历史，可将服务分成传统和现代两个阶段。

传统模式的图书馆服务与现代化服务的重点不同，传统图书馆服务所拥有的资源相对较少，以馆内所收藏的文献为主，只能对有限的线下读者提供有形化的借阅活动。以图书馆资源为基础的现代图书馆则不同，能非常便捷地利用更多资源，使线下、线上的用户都能利用互联网资源，享受图书馆"现实＋虚拟"复合型的服务。

二、图书馆服务发展的规律

随着历史的不断推移，图书馆也在时间的长河中不断演变，图书馆服务构成要素的发展呈现出了一定的规律，这些要素包括：服务对象、服务内容、服务手段及服务模式等。

（一）服务对象的范围扩展

公共图书馆经历了从全面禁止、部分开放到完全开放的过程。1949 年之前，我国的图书馆数量十分稀少，大部分群众处于"文盲"状态，且书籍收集受到严重限制，图书馆藏书有限。这使得图书馆并不为广大人民群众所接触，而是仅供学者和研究人员使用。1949 年后，直到 20 世纪 80 年代后期，全国大范围地开展普及教育的活动，"扫盲"运动如火如荼，使得人民群众的文化水平有了极大程度的提高。这个阶段的图书馆也扩大了服务范围，各个阶层的群众都可凭借相关证件办理借书证，但是依然存在地域、身份和单位证明等限制。直到20世纪90年代，随着社会开放程度提高，群众受教育越来越普遍，使得人们对图书馆的信息需求加大，由此推动了图书馆，尤其是公共图书馆的进一步发展。此时的公共图书馆开始不设地域、身份等方面的限制，向所有社会公众开放。如今，随着社会开放水平进一步提高，图书馆的开放程度更是远高于其他时期，持有证件才能入馆的要求也被取消，任何人凭本人身份证都可以办理借书证。

（二）服务内容明显增加

社会发展使得公众在信息方面的需求逐渐增加，促使图书馆不断丰富原有的服务内容。

封建时期的图书馆通常是为高高在上的皇权提供政治问题的参考或为官员、士大夫提供资料的。近代时期的图书馆在此基础上有所发展，开始为一部分阶级提供阅览服务。到了现代，图书馆着眼于整个社会的发展，紧跟时代潮流，面向所有群众开放，使线上与线下的服务结合起来，为读者提供信息检索、文献借阅等服务。现代图书馆还利用现代化手段提供网络检索、网络咨询等方面的服务，不仅能提供传统文字印刷资源，还能提供数字化信息，用户能得到全方位的信息资源。现代图书馆多种多样的服务功能已经使其超越了传统图书馆的范畴，不再作为单纯收藏文献的场所存在，而是一个提供社会教育、信息传播和群众休闲的重要场所。

（三）服务手段更多样

得益于高新技术的应用，图书馆的服务手段更加多样化。在20世纪60年代之前，图书馆的服务效率很低，全部依靠馆员手工操作。20世纪70年代以后，计算机开始应用于社会各领域，图书馆也引进了计算机技术，加以运用后实现了馆内的自动化管理，提高了图书馆的服务效率，使馆内借还手续更加简便。基于此，机读目录得以出现，使得图书馆检索更加快捷、高效。

20世纪90年代至今，互联网技术的诞生和普遍应用构建起网络化、数字化的图书馆服务，使图书馆服务不再拘泥于线下。利用网络构建数字图书馆，一方面可以与其他图书馆进行资源共享，使馆内资源更加丰富；另一方面给用户带来了方便，用户可以在家里轻松借还书籍，享受图书馆各项服务。

（四）服务方式进化

图书馆的服务方式随着各项技术水平的提高以及人们对信息不断增长的需求而不断发展。封建社会的图书馆受时代局限，管理方法、信息资源数量都有所限制，人们对信息并不是特别需要，此时的图书馆服务方式大都以室内阅览为主。近代的图书馆较之前有所发展，少部分民众有着一定的文化水平，文献书籍数量有了显著提高，但公众的信息需求十分大众，此时的图书馆在封建社会时期图书馆的基础上发展出了文献闭架式外借服务方式。现代图书馆基于互联网的发展、文献信息资源的猛增，在服务方式上有了创新，不再局限于借、藏、阅的传统模式，而是转向提供功能齐全、形式多样的各类文化服务。

第五节　关于图书馆工作的评估

一、当前图书馆工作评估中存在的主要问题

（一）读者评估效用未能充分发挥

在评估中，读者参与时有三个主要影响因素，即参与主体、参与范围和参与的渠道。通常对图书馆的实践进行评估时，全体读者都应作为评估者参与其中，包括当前已有的读者，也包括图书馆的潜在读者。现行的评估中，忽视了潜在读者的评估效用。参与范围指评估中涉及的内容。现行评估标准中，读者评价指标内容单一且分值权重低，评价信息也是由图书馆单方面提

供，并不能保证读者评价的真实性。参与渠道指读者参与评估的途径。新媒体环境下，读者参与评估应当纳入图书馆管理层面，而不应当纳入读者评价中。综合来看，在读者评价上，存在读者话语权缺失以及读者参与制度不完善的问题。

（二）评估指标不全面

图书馆评估能够检测图书馆工作目标的落实程度，是一个涉及多方面因素、涵盖多方主体的复杂过程。评估不应当片面针对图书馆工作结果，而应该面向工作过程及其产生的效用，具体通过评估的指标体现出来。以第六次《县级公共图书馆评估标准》为例，标准中增加了对新媒体服务、数字化基础设施建设等的考核，体现了评估工作与时俱进，积极应对新环境、新情况，但指标内容侧重静态资源的评估，缺少对资源开发利用后产生的效益的评估。

（三）评估对象混淆不清

评估对象可分成服务对象、服务工作、管理工作、环境和设施条件及效益等五大部分。具体评估标准围绕图书馆工作的组成要素。但实际上，历次评估标准都存在评估对象混淆的问题，将对政府保障能力的考核模糊为对图书馆工作的考核。

二、做好评估工作的有效对策

（一）兼顾结果评估和过程评估

针对图书馆的评估机制，有的是从工作的结果入手，有的是从实践过程的来分析，存在两种侧重点完全不同的评估方式。"结果评估"能更直观地反映出图书馆阶段性工作的结果，"过程评估"则是对图书馆工作的过程性成果进行评估。评估是图书馆管理的重要手段之一，要发挥评估的导向性作用，促进图书馆发展。面向结果的评估指标固然能直观、快速地了解图书馆的工作情况，反映其发展中的短板，但忽略了工作过程及服务效益，就很难避免"有量无质"的困境。一旦图书馆为了追求评估结果，一味扩大资源保有量、创新服务方式，不关注资源使用情况，图书馆服务工作就会与用户实际需求相脱离，图书馆发展的"牵引力"就变成了"阻力"。因此，在图书馆评估中，既要看到图书馆工作的结果，也要关注图书馆工作的过程，在注重对"量"的评估同时，更要严格把好"质"的关。

（二）评估主体多元化发展

评估主体的确定，关系到能不能全面、客观地评估图书馆工作，以及评估权威性等问题。从现阶段的评估定级工作来看，就是要解决好"组织""执行"和"参与"的关系。要坚持政府作为组织者的责任主体地位，为评估定级工作的常态开展提供保障；要培育第三方评估机构作为执行者，发挥监督作用；以读者参与为主，开展规模性样本调查，直接收集读者评价，保证评价信息真实性。通过构建多元化评估主体体系，多角度、全方位地进行评估，以保障评估的客观性。

（三）发挥读者评估效用

构建读者多途径参与机制，拓宽读者评估渠道。在日常工作中，图书馆可通过微信、微博、短信等方式，收集读者评价意见、开展问卷调查。在评估期间，通过开展读者规模性样本调查，直接收集读者评价，不仅能保证读者评价的真实性，也是对图书馆日常评价工作开展情况的检验。同时，应当提高读者评估指标权重，保障读者在评估工作中的话语权。

（四）加强后评估

全国图书馆评估定级覆盖范围之广，评估标准要兼顾不同地区的图书馆，考虑到地区差异性，根据巴克兰德悖论——图书馆规模与图书馆事业发展密切相关，评估指标不是绝对指标，而是相对指标。不应该是对硬件设施片面的定量考核，而是要与本地区经济文化发展水平相联系。例如，对基础设施、建设投入的评估，应当同当地的财政收入做比较。对服务水平、服务效果的评估，应当同前一个周期的评估结果作比较，从而才能更真实地反映出图书馆的实际建设和服务开展情况。如此，形成与图书馆实践工作相适应的稳定指标体系。

相对稳定的评估标准有利于促进公共图书馆实现稳步发展。评估除了要检验已完成的工作的质量，也要做出前瞻性的指导。评估要想发挥前瞻性指导作用，评估标准从发布到实践的过程，必须给图书馆留有一定的建设时间。图书馆可根据评估标准，对照现阶段图书馆日常工作，找到不足，及时调整发展策略，提升服务水平。同时根据评估标准，制定下一阶段的战略规划，以期实现图书馆的可持续发展。

第二章　图书馆服务体系

图书馆服务体系是由多种层次、多种功能的服务工作共同组成的整体系统。这个服务体系覆盖了文献外借、在馆阅览、网上借阅、文献检索、资料复制、读者教育、用户培训等各种服务，各项服务的功能相对独立，且有固定的适用范围。同时，各项服务又共同构成了服务体系，是互相影响、互为辅助、相互渗透的一个有机体。

第一节　图书馆中的信息资源体系

一、信息资源

（一）信息资源构成体系

在一定的框架当中收集、汇总信息资源，并按照不同的要素进行分类、编目和保存，使各要素之间的潜在关系条理清晰，不斩断其内在联系，最终形成一个功能明确的资源体系。为充分地挖掘信息资源的价值，就要形成一个契合用户的信息资源体系，对该体系中的数据进行汇编和重组，从而形成一个高效的服务整合有机整体。要做到资源信息系统的合理建设，必须从三方面入手：①要对内部的和外部的信息资源作整合，使内外资源形成科学合理的体系；②使整合的信息资源形成体系；③充分利用整合后的信息资源体系，使其价值实现最大化。

为了加强资源信息系统的建设，必须从以下两个方面着手：①及时、有效地对社会信息需求加以保障，建立信息资源系统；②每年图书馆都要收集一定数量的特色信息，以保证其自身的独特性。

（二）合理规划信息资源体系

从具体使用功能出发来设计资源体系的微观结构和宏观结构，这样的过程叫作信息资源系统规划。

就微观层面来说，它是一个短期的构建信息资源的规划，通常是制定年度计划、季度计划等可具体执行的计划。图书馆的微观结构是图书馆在信息资源的组织与构建中的根本依据，馆内资源的收藏方向和重点资源都是由微观结构决定的，需要了解图书馆的根本任务、性质以及本馆读者的需要，并以此为范围提出一个资源建设计划，对组织的数量、比例及水平等进行平衡，构建一个系统的、具有特色的馆藏体系。

就宏观层面而言，信息资源的规划必须要整体考量，合理规划和安排。可以将某一系统、某一地区作为一个整体。图书馆在建设信息资源时，需要注意各要素相互配合，信息的收集、整理、保存、书目报告、传送和资源使用等必须协调进行。宏观层面上，信息资源体系的规划具有波动性，众多社会因素如政治条件、经济水平、文化水平以及当下其他图书馆已经形成的资源体系、服务人群的范围等会对资源体系产生一定影响。

二、信息资源建设

（一）对信息资源建设的定义

信息资源建设一直以来都没有一个准确的定义，图书馆领域和情报学领域对信息资源建设的理解有所不同。

1.图书馆界的理解

图书馆界普遍认为，信息资源指各类媒介渠道中的全部信息，无论是印刷文献还是数字化形式的信息，经专业人员搜索、汇集、整理、归类之后就形成了信息资源。信息资源建设指图书馆根据本馆性质、主要任务，再结合用户的要求，构建功能明确的信息资源体系的过程，主要包括整体信息资源规划、类型选择、收集与组织等。

图书馆认为，无论是纸质文献信息资源，还是数字信息资源，都是人类通过收集并组织开发所得出的信息资源的集合。在建设信息资源时，图书馆首先要明确自身性质和用户需求，然后才能有针对性地对信息资源有条理地进行选择、收集与组织，使整个资源体系具有特定功能。

2. 情报学中的理解

虽然"文献资源"和"文献资源建设"等概念是在图书馆领域正式提出的，但情报学中对这两大问题的研究和讨论比图书馆界更早。20世纪80年代，我国同国际互联网正式接轨，大量信息开始涌入国内，其中包括国外关于信息资源管理的理论。在此基础上，情报学领域对信息资源构建的相关内容等展开了进一步的研究工作。

（二）信息资源建设的主要内容

为了使混乱的信息变成可利用的、有序的资源，人们对各类纷繁的信息进行收集、挑选、加工、保存的过程，即信息资源的建设过程。我国对于信息资源建设工作的研究主要集中在以下几类。

1. 资源体系规划

图书馆资源体系要求各构成部分联系紧密且能互相配合。根据资源的系统性要求，在进行信息资源体系规划时要考虑到不同层面，可从宏观和微观两个层面考虑。

宏观上，规划信息资源体系要进行一定的适应性改变，与当地系统在统筹规划后形成互相联系、互相影响的依存关系。在文献资源的收集、整合、组织、保存、传递、利用等方面实现整体上的改变。

微观上，各图书馆的性质、主题任务和读者层级、类型、需求都是不同的。因此，在规划信息资源体系之前需要对图书馆及其读者有清晰、明确的认识，据此调整本馆的信息资源构成、重点资源以及信息采集的标准，使资源体系具有明显的特色。

2. 信息资源遴选

为了充实馆藏文献，在建设信息资源时应利用各种方法挑选资源，保证文献的质量。资源的选择为其体系搭建提供最基础的支持，这一工作包含以下几个方面：

（1）挑选与收集印刷型文献。首先，要确定印刷型文献的收集标准、收集比例、收集范围、复本标准等；其次，要找到相应的获得渠道和方式，对所需印刷型文献进行挑选与收集。

（2）挑选与收集电子出版物。各图书馆的资源建设中需要的电子出版物与依存于网络的电子信息不同，是指以实体形式存在的、单个计算机或局域网络中存储的电子格式的出版物。图书馆应确定馆内电子出版物的类型、质量、数量等，在符合成本效益的原则下对所需电子出版物进行挑选与收集。

（3）选择与整合网络资源。网络资源包含订阅的数据库、网络信息等。网络数据库是一种电子信息资源，可以通过网上付费、网上登录方式在图书馆内远程使用。图书馆为了直接获取这些产品或服务，还可以通过向国内外的资料库制造商或数据库服务提供者进行购买，以达到挑选与收集网络信息资源的目的。

3. 馆藏资源的数字化处理及数据库的建设

要让馆藏资源在网络中实现共享，首先需要对信息资源进行数字化加工。现代计算机技术的应用必不可少，其中包括全文扫描技术、大容量的存储技术以及多媒体技术等对有收藏价值的纸质印刷文献进行扫描，形成电子文献，然后收入数据库。

数字信息建设的核心和目的就是构建数据库。数据库具体分为两大类：书目数据库与特色数据库。完成书目数据库的搭建，为图书馆提供自动化、网络化的服务打下基础，是进一步开发馆内信息资源的一项必要前提。特色数据库则更直观、更集中地反映图书馆资源的特点，从而提高图书馆的竞争力和影响力。图书馆以馆藏特色文献为基础，搭建网络共享文献数据库。

4. 网络信息资源的开发利用

因特网的发展势头强劲，促使网络信息资源的数量迅猛增长。各行各业都需要在因特网领域找到自己的定位，而图书馆的未来发展也离不开对因特网的利用。首先，图书馆需要开发和组织网络信息，根据用户的要求和网站的开发，选择和利用网络中的资源。其次，图书馆要将收集到的资源以下载或链接等方式供用户使用，以便用户在网上迅速寻找到所需的信息。这种对网络资源开发利用的方式能有效促进信息资源的建设和图书馆服务的进步。

5. 信息资源的组织管理

信息资源组织管理当中，图书馆应做到纸质文献和数字化资源并重。在管理纸质文献时，要确定顺序、严格清点、全面布局、有效规划，并做到及时保护；对数字化资源进行整合，将已有数据库进行合并，运用数据库搜索技术提供"一站式"服务，为用户运用数字资源带来便利。

6. 信息资源共建和共享

网络技术的升级促使信息环境产生了巨大的变化。这表现为两大方面：一方面，文献信息的整体数量激增，然而因场地和人力的制约，图书馆文献收藏数量受到一定的限制，无法满足用户日益增长的信息需求；另一方面，网络迅速普及在技术上为文献及信息共建共享提供支撑。

落实资源共建共享，要做到下面两点：①纸质文献信息资源共建共享。对这一类资源图书馆要根据自身类型、性质和任务做整体规划，建设文献资源的保障体系；②数字化资源共建共享。对这一类资源图书馆不仅要构建多功能的馆际文献传递系统，还要实现快捷、方便的书目查询。

第二节　图书馆的信息服务体系

一、图书馆的信息服务

（一）图书馆信息服务具有的特点

基于数字化技术、网络化技术形成的图书馆服务是一种高级的现代信息服务形式，它和传统信息服务的形式不同，在资源类型、服务形式、信息存取、资源利用、服务范围、信息检索上有其独有特点。

1. 服务资源的数字化、虚拟化

现代图书馆与传统图书馆在馆藏范围上有着很大不同。现代图书馆的馆藏除传统纸质文献外，还有大量的虚拟数字信息资源。因此，其信息储存方式与传统图书馆有很大不同。数字化形式的信息资源是计算机和虚拟技术结合起来的信息储存形式。信息资源的虚拟化意味着图书馆拥有的不是虚拟信息的所有权，而仅是其使用权。

2. 服务内容的知识性、精品化、多样化

信息量的急剧增长与社会的发展、网络的普及是分不开的，铺天盖地的大规模信息使用户无法及时、准确地搜索到所需的内容。在这样的背景下，图书馆的信息服务应运而生。现代图书馆把用户的需求放在首要位置，以满足用户高品质的服务需求为目的，呈现出涵盖资源广、传播速度快、内容精、目的准、资料新的特点。图书馆服务迅速发展，鼓励用户更加关注信息的质量，而不是数据的数量。

3. 服务方式多元化、多层次化

现代图书馆与以往不同，它更开放、更多元，服务方式更主动、更有针对性。用户不管在何时何地都能通过网络进入终端查找所需信息。图书馆吸收和开发不同类型的信息。图书馆的信息迭代要跟得上时代的步伐，并积极"引导"读者获取或利用信息。不同用户所需的信息资源也有很大不同，图书馆要根据客户的实际需要对服务项目做出规划，以适应不同客户的需要。

4. 信息存取网络化、自由化

信息存取的网络化在于互联网上的信息资源可以通过网络（即信息访问网络）进行快速传输。文献信息的网络化传播彻底改变了提供和获取信息的方式，成为图书馆传播信息的主要渠道。文献信息的网络化传播通过网络连接的方式，使分散在不同媒体和不同地理位置的以数字资源实现在线使用，从而真正实现资源共享。

5. 服务手段的网络化

现代化图书馆提供的信息服务与传统模式图书馆的信息服务存在明显区别，具体表现在三方面：①信息机构成了一个复合的群体，也就是信息机构网络化。各种类型的有组织的信息服务形成了一套完整的信息服务网络。②将信息资源从专用向公用转变，注重资源共享。对图书馆来说，要达到网络信息资源的最大化利用，首先需要开发各种专业数据库，然后将这些数据集成到网络中。③改变传统服务方式，利用网络信息资源对用户提供服务，也就是信息服务网络化，让用户参与到对信息的采集和研究中来。

6. 资源利用的共享化

资源的共享以数字资源为基础，借助网络技术实现了不受时空局限的共享。资源共享使很多图书馆发现不仅可以通过网络获得自身不具备的数字信息，还可以将资源上传到网络平台，实现共享。这样一来不仅有效避免了资源浪费和闲置，大大扩展信息资源的使用范围，又能提高资源利用率，使社会获取信息的能力得到整体提升。

7. 服务环境的开放化

传统图书馆是以自身建筑为主要工作范围的实体，是封闭式的实体图书馆。而网络出现后诞生的现代图书馆则打破了图书馆建筑实体的壁垒，建立了数字化、虚拟化的数字图书馆。这最大限度地拓展了现代图书馆的信息空间，使图书馆的服务范围更为广阔，促进了图书馆与用户之间的信息交流。网络时代下，图书馆正向着共建共享、共同发展的方向前行。

8. 信息检索智能化

传统图书馆与现代图书馆的信息检索方式有着很大不同，现代图书馆对传统的信息检索进行了变革，不再采用传统图书馆常用的关键词或逻辑组合的检索方法，而是以知识为基础，开发出智能化人机交互方法。这种智能化的信息检索方式使用户凭借其"自然语言"就可以与系统形成交互，从而进行目标检索，发现所需文献。

（二）图书馆进行信息服务的方式

1. 公共目录查询服务

公共目录查询服务是图书馆的服务实现网络化的一个标志，目前是图书馆应用最普遍的、最基础的网络服务模式。图书馆为读者提供联机模式下的目录查询服务，可查阅读者的个人借阅信息，也可以查询馆藏的书目。

2. 构建图书馆官网或门户网站

图书馆开通官网或搭建网站是其开展网络服务的必要前提，是网络技术和信息技术应用到图书馆服务领域的开始。只有登录了该图书馆的网站平台，才能利用其获取信息服务。

3. 普通的读者服务

图书馆网站平台提供的普通读者服务有：①图书馆简介。包括馆藏情况、主要设施、部门安排等，让读者对图书馆有基本的了解。②发布图书馆的最新消息。及时告知读者图书馆的最新动态，比如新书入藏、新服务的推出等，一般这些信息都会放在网站首页最引人注目的位置。③提供读者指南。指南中的信息有图书馆开放时间、各个楼层的馆藏布局、服务项目、常用的软件及检索工具与下载等辅助性的内容。④收集读者的反馈信息。通常设置读者意见反馈栏让读者留言，或公布邮箱地址和电子公告板（BBS）等。

4. 数字文献的检索服务

通过网络在线查询各种数据的数字化文献检索服务，是图书馆所提供的一项重要的信息服务。以数据库的文献类型、载体、使用的方式来划分，服务类型可以分为如下几种：①线上光盘数据库的检索服务；②数字化资源库镜像服务；③在线数据库检索的授权服务；④自建的特色化数据库服务。

5. 数字化参考咨询服务

数字化参考咨询是一种新的咨询服务形式，也称虚拟的咨询服务、网络咨询或在线咨询。这项服务包括为用户提供远程的同步咨询、合作咨询等，这种咨询模式与以往不同，它不受时间、空间等因素的制约，只要在联网的情况下，用户可在任何时间、任何地方进行咨询。

6.资源导航服务

资源导航包括资源的分类浏览、新书介绍、学科指南与数据库简介等，一般分为两步，分别是汇总和查找。汇总就是把用户常用的数据库资料及地址加以整合，然后按照类别建立网络导航。查找是在弄清用户需求后进行的，利用搜索引擎或检索工具对数据库进行查找，并转化为用户所需信息。

7.特色化服务

图书馆根据其自身属性应制定一系列特色化的服务，包括：①电子资料传递及馆际互借。图书馆通过文献共享系统同国内外的图书馆建立合作关系，共享文献资料，并以复印纸质文献或电子邮件的方式将文献传递给广大用户。②代理服务。为用户提供代查、代检或科研项目查新等服务。③新书推荐和导读服务。④关于期刊目次的指南服务。⑥其他个性化服务。针对用户的特点主动设计具有个性化特征的服务，使用户获得良好的体验。

8.网络教育

网络时代下的教学方式不断更新，催生了一种基于多媒体技术的新型的远程教育教学方式——网络教育。这种教学方式结合了课程教育、专题教育、普及教育等，使用户在学习安排上更灵活。

（三）图书馆的信息服务模式

现代图书馆提供信息服务的模式由于信息资源、应用系统及用户所处信息环境的变化而不断变化，以前是以馆员为主，后来是以资源为主，现在则是以用户为主。

1.从馆员出发的服务模式

馆员中心制是图书馆服务在最初采用的模式，馆内所有的活动都以工作人员为中心进行，强调服务人员的重要作用，不关注用户感受。用户依靠工作人员提供的服务来满足需求，用户无法参与信息资源和文献服务的生产过程，始终是被动地接受服务。在这一模式之下，用户需求不被重视，因而很难得到满足，总是受到这样或那样的阻碍，严重限制了图书馆服务的发展。

2. 从资源出发的服务模式

此模式是从馆员中心模式的基础上发展出来的，从以提供服务的人为中心，变为以可提供的资源为中心，这个模式是将信息资源的生产和加工作为重点，仍属于一种传统的信息服务模式。这一模式主要强调资源和产品的重要性，图书馆对用户的关注依然有限，用户在获取信息方面无法发挥其能动性。尽管资源中心制服务模式在我国的图书馆建设早期产生了重要促进作用，但是该模式已经无法适应现代图书馆的发展和变化。

3. 以用户为主的服务模式

现代图书馆采用用户中心制的模式开展服务，也是图书馆将来的主流服务模式。该模式以用户实际的信息需求为中心，以用户产生的信息为工作依据。在这样的模式下，图书馆用户的需求会被合理地放大，图书馆各要素之间互相配合、相互协作，满足用户的实际需求。同时，用户的能动性和参与度大大提高，使用户的信息需求得到全面满足。

（四）图书馆的信息服务遵循的原则

图书馆的服务包括服务的具体方式、内容、手段、服务的范围、服务的模式、馆员的服务意识等，这些随着图书馆的发展和进步都有了相当大的改变，但是其服务原则是不变的。

1. 服务方式多样化

在 21 世纪的图书馆发展进程中，信息技术的发展与图书馆传统服务方式的发展不协调，二者显得极不平衡。数字图书馆对传统的图书馆服务造成了猛烈的冲击。信息社会的图书馆以电子文献的形式，借助信息技术，并利用数据库技术为用户提供互动服务。因为文档的信息传输具有多向性，所以传统的图书馆对图书馆、人对人等形式将会被全新的信息传递方式取代。用户不再以馆藏数量和阅览室座位的设置来评价一所图书馆，而是从图书馆的服务方式和提供服务的速度来评价，每个图书馆的服务能力和质量也是各不相同的。

2. 服务内容要具有个性化

在信息社会，基于用户的广泛性，图书馆将面临更加多样化和更加具有个人风格的服务需求。图书馆最终的目标是为每个人的特定需求找到特定的信息，使信息发挥最大的作用。

3. 服务手段实现网络化

传统的服务手段比较单一，通常读者会先在电脑上检索所需图书，然后把检索到的信息送到借阅窗口以获取文献，这种阅读方式仅限于纸质文献。服务手段的变化促使图书馆信息服务产生了根本性的变革。首先，检索更加便捷，利用网络便可以进行远程信息查询，查找范围也不再局限于单个图书馆。其次，阅读方式更为多样。除纸质文献外，还有电子出版物、数据库等多种形式的服务。再次，与图书馆进行交流也更为便捷，在实体、信函、电话服务的基础上增加了网上交互式问答、实时解答等服务。

4. 服务远程化

现代化的图书馆服务与传统形式的文献服务在范围上也有很大不同。传统文献服务工作基于图书馆的地域特征，服务于一定区域的群众，人们通常选择最近的图书馆作为"常驻图书馆"。现代图书馆利用网络平台则完全打破了地域壁垒。图书馆作为信息网络中的一个节点，人们足不出户就能通过网络访问世界各地的信息资源，不受时间和空间的限制。不仅如此，图书馆利用网络技术还能使其自身信息资源得到广泛传播和充分利用。

5. 服务意识的超前化

文献服务意识的增强促进了图书馆发展。优秀的文献服务意识能够保障图书馆发展，也促进图书馆文献服务的进步。

传统观念里，图书馆过度追求馆藏数量，而忽略了馆藏质量和馆藏利用率，使得图书馆的文献服务意识十分落后。大多数的图书馆提供的服务偏重印刷资源，经济、管理和实际科学技术类的服务的比重相对较小，其服务也更为被动。这些传统概念严重限制了图书馆的健康发展。

在旧观念的影响下，图书馆服务意识具有三个主要特点：①保守封闭，固守传统理念；②"重藏轻用"，只注重文献信息的收藏，文献资源的不到充分利用；③以"文献为中心""馆员为中心"的思想。这种守旧的服务意识很难适应图书馆的发展要求。为改变这一现状，图书馆必须加强文献服务工作，在思想上超前，在行动上创新，树立竞争意识，积极主动地谋求"生存之道"。

各类信息充斥的社会，知识经济迅速发展，加强文献服务对图书馆来说势在必行，其服务意识要比其他行业更为超前。图书馆工作人员的观念和思想必须及时更新，求新求变。首先，馆员必须树立起竞争意识，有竞争才有动力，才能不被时代和社会所淘汰。其次，必须改变欣赏大于使用的传统观念，改变传统的封闭和被动的服务制度以满足图书馆在信息社会中的需要。最后，将"以图书馆为中心"转变为"以用户为中心"，在制定规则和规定、编译系统、进行体系分类时，照顾到用户的想法，将方便用户放在首位。

6.服务模式具有集成化特征

集成化的模式是图书馆在当前的信息社会提供资源服务的一种特殊方式。所谓服务集成化，是指将某一具体领域或者用户个体的各种要素整合到一个文献资源保证系统中，这样用户就可以得到特定领域的系统化文献服务。

二、图书馆信息服务体系的构成

（一）服务原则

在设计信息服务的流程、制订信息服务规则之前，首先要明确在信息服务体系当中具有主导作用的基本理念——服务所遵循的原则。

1.个性化服务原则

向用户提供个性化服务有两个方面的优点：①可以按照不同的标准对服务对象作出精细分类，分析不同读者的资源需求，确定最合适的服务方式和内容，使服务具有针对性。②能够使每位用户都对图书馆产生归属感和认同感，以个性化的服务反映出对用户的重视。

2.易用性原则

为了使用户在图书馆中更便捷地利用信息服务，首先要考虑到信息服务的易用性和可用性。事实证明，从服务的便捷性出发，对服务流程进行简化，能够消除图书馆与用户之间的阻碍，使信息产品的使用率大大提高。

3.协作服务原则

为了将优质的信息资源整合起来，使其发挥应有的价值，图书馆应将现代信息技术运用到协作服务中去，使服务与服务之间、馆与馆之间建立起共同发展的合作关系。

4.合法性原则

合法性原则是一个双重概念，图书馆对用户的基本权利进行保障的同时，用户也要遵守图书馆的相关法律和条例。双方相互尊重，协调发展，使信息服务惠及社会。

（二）信息服务的制度

1.组织和经费保障制度

一所图书馆的服务制度是建立在该馆的信息服务体系基础上的，必须通过完善的制度来规范图书馆服务。除此之外，地区协作中心还要制订制度以保证整个图书馆体系能够正常运作。

2.业务规范

推行共同的规范是各馆联合协作的重要前提，具体而言包含数据处理规范、咨询轮值制度、文献的传递流程、通用的接口协议等。

（三）信息服务系统

图书馆要依托信息服务的应用系统才能正常开展服务，该系统的构成要素包括：资源、组织结构、信息处理平台和信息服务平台。

1.资源

图书馆内的全部文献、数据库和网络化虚拟资源之和就是图书馆信息服务系统中的资源。图书馆的资源分为一次文献、二次文献。所谓一次文献，通常是经采购和收集获取的。通过区域性的合作组织联合采购，是利用有限资金获取更多一次文献的主要方法。二次文献大都是通过书目编制、目录制作等方式形成的。

2.组织结构

传统图书馆的组织结构多为直线型，即"馆长——各部门主任——服务人员"的模式，组织结构相对简单，难以适应多样的用户需求。现代图书馆的信息服务系统不应只采用直线结构，而是要采用一个可纵向、横向协调的多维度、多层次的组织结构，以便在本组织内进行平衡和协调，履行若干具体职能。

3.信息处理平台

如今高度发达的信息技术使各行各业都开始建立起属于自己的网络信息平台，现代图书馆也不例外。现代图书馆的信息处理平台是其信息服务体系中必不可少的。

4.服务平台

不同类型的读者有着不同的文献需求，因此服务平台在信息传递与推送时的途径也不相同。图书馆进行网络信息服务时，出发点一定要落在易用性原则上。实施平台服务首先要将模块化了的服务平台置于统一的用户界面中，使读者享受快捷、高效、全面的服务。

第三节　图书馆的管理服务体系

随着国外的图书馆管理学理论和管理方法传入我国，加上国内图书馆的管理实践逐渐深化，使图书馆管理的含义逐步完善。

一、图书馆管理

为了研究图书馆活动的规律，现代图书馆学基于管理科学开设了一个重要的学科——图书馆管理，对各种图书馆活动乃至图书馆事业进行科学、合理的管理。

（一）图书馆管理的含义

国内外研究人员对于图书馆管理的定义存在一定分歧，图书馆管理至今没有一个明确的定义。学术界针对许多个国家的学者所提出的图书馆管理的定义很难形成一致的表述。

图书馆管理为一项综合性的工作，需要对文献资源、受众、馆员、应用的技术和基础设施等进行协调。图书馆的活动离不开行政管理，行政管理是保证工作效率的关键，工作目标的实现、任务的完成离不开行政管理。图书馆管理者必须平衡好信息技术、人力、物力及财力等四类资源的关系，做到统筹管理、资源平衡。

图书馆管理不是馆内的具体工作，而是一项基础理论研究。图书馆管理是图书馆学和管理科学在图书馆管理实践中的一个分支。图书馆的管理活动要根据工作目标进行，通过科学计划、有效组织来协调和监督图书馆的活动，以使图书馆资源的分配和使用合理化，满足用户对知识和信息的需求。

图书馆管理是以科学手段来管理图书馆资源的一项有针对性的活动，管理包括两个层次：微观与宏观。微观管理是单个图书馆进行的个性化管理。而宏观管理是对社会中所有的图书馆进行的系统化的管理。信息时代，我们必须充分认识时代的特点，充分利用现代管理理论来指导图书馆管理活动，使之不断改进。

（二）图书馆管理表现出的特征

图书馆管理本质上属于一种社会活动，是客观的、动态的、符合社会历史的。在图书馆管理当中，这些特征有着极其明显的表现形式。整个实践的特征被认为是在不同实践活动情况下的共同点，而具有共同特征的不同活动在实践中是不同的。图书馆管理的特点主要有六点：综合性、依附性、协调性、组织性、变革性和科学性。

1.总合性

图书馆管理具有总合性。就空间层面而言，管理通过所有的馆内活动贯穿所有环节，图书馆的正常运作离不开管理；从时间上来说，图书馆的管理是和图书馆共存的，我国在商朝时期就已产生了藏书专用场所、专门的藏书管理人员以及专门的藏书管理方法。虽然那时还没有图书分类索引的系统，但在馆藏的管理上已形成了一些固定方法。商代，史官会将整理好的甲骨片汇集成册，通常会用标签来区分它们，便于研究时查找。此外，在 1983 年到 1997 年，英国的考古学家伍利于幼发拉底河附近的乌尔镇发掘出了大约存在于公元前 3000 年的 400 余块泥版文书及 1000 余块残片。通过研究发现，这些文书和残片的排列十分有规律，是根据年代和主题分类的。此外，在泥版的文书上面有"内容简介"。这是目前国外发现的历史最久远的藏书管理方式，呈现了国外的图书馆在当时所用的管理方法。技术的进步也改变了图书馆的馆藏形式。当前已经形成了虚拟化图书馆、数字图书馆、掌上图书馆及网络图书馆与传统图书馆协同发展的格局。只要图书馆活动还存在，无论它们以任何形式出现，都需要管理。因此，管理是图书馆发展道路上的一项必需的社会活动。

2. 依附性

图书馆管理具有依附性。图书馆管理的任何活动内容和具体形式都要依附于图书馆业务，如文献收集、分类索引、书籍借阅、查阅资料、情报研究等，无法单独存在。这种依附性主要表现为图书馆管理只有以具体的图书馆活动为基础，才能实现管理的目标。这表示图书馆管理必须基于一种或多种图书馆活动进行，其结果总是融合在各类活动的最终成果之中。

3. 协调性

图书馆管理是具有协调性特征的。协调性指的是为了保证图书馆各管理对象之间协调适应，并在最佳运作状态下进行规律性工作而进行的图书馆内部的调节和改造。图书馆管理不同于其他商业活动，具体表现如下：

（1）体现在活动的对象上。图书馆管理中的活动常将具体物体，如图书、报刊、光盘等作为管理对象。除此之外，图书馆管理有时也以各种业务，如资料采选、书刊借阅、书目分编、咨询等形式进行，负责协调内外部的关系，间接地改变各种业务活动的存在状态。

（2）体现在活动的具体任务上。图书馆管理要协调馆内活动各环节间的关系，使各种业务的结构得到优化。图书馆管理中的组织灵活，其管理者通常不直接参与信息服务或产品的生产，主要协调内部和外部的关系，特别是图书馆和图书馆之间的关系、图书馆和读者之间的关系，以满足用户需求为前提，消除各个要素之间的分歧和冲突，做到协调一致、和谐运转，把图书馆作为一个有机的整体来整合各项业务活动。

4. 组织性

图书馆管理有着显著的组织性，具体体现在以下几个方面：

（1）图书馆通过具体机构实行管理，如公共性质的图书馆、企业内部图书馆、高校图书馆、科研图书馆等，这些机构中都设置了专职管理人员。在管理中，组织是主体，图书馆管理是由特定组织来负责的，而组织又是负责的对象，因为图书馆由特定的组织进行管理，离开组织的个人是无法对其进行管理的。

（2）图书馆管理是将分散各处的资源整合在一起的客观、稳定的组织活动，能够根据客观环境的社会规则和物质结构进行调整。这个组织为了使图书馆管理活动有坚定的物质基础，不仅将许多非结构化的内容整理为一个相互联系的组织系统，还会随内外部环境变化不断调整，使图书馆系统按照管理目标发展。

5. 变革性

从根本上说，管理是一种允许人们实现真正自由的变革活动。其特点是不间断、迅速、根本的变化，图书馆管理也是如此。图书馆管理具有稳定性，这一特点的实现需要通过一定的原则和制度来约束管理实施者。稳定是一种特殊的运动状态，馆内的各项素不断发展，外部环境也在不断变化。要实现管理目标，就要注意管理对象的动态变化，通过信息反馈对图书馆实施动态控制。

6. 科学性

虽然图书馆的管理是动态的，但也有一定规律。关于图书馆的动态管理分成两种：一种是程序性的管理，另一种为非程序性管理。

程序性活动通常是有规律的，且按照这种规律进行便可以取得相应的成果。这类活动就管理人员的录用、工作奖惩、岗位培训等制定了具体的规则，推出了相关的制度，并针对行政管理制定了各种细则。

非程序性活动的过程需要根据进程随时调整方案，是一种没有章法和规律的管理活动，且管理结果不可预知。建造新馆、构建图书馆的自动化运行系统、调整组织机构、设计复合型的图书馆等都属于这类活动。

上述两种活动在一定条件下是能够转化的。非程序活动是程序活动的早期尝试，经过一系列非程序性活动，总结出具有规律性的程序后才能建立起科学有效的程序性活动。但是非程序性活动在实施过程中不能盲目，需要以之前的活动经验为基础，这样才能保证管理的科学性。

二、图书馆管理的主要对象

图书馆管理的对象包括：人员（馆员、读者）、物力与财政。

（一）图书馆的人员管理

1. 馆员管理

馆员负责图书馆中所有活动的组织和管理，作为管理主体，沟通了馆藏资源与读者的关系。图书馆的管理人员包括专业人员、技术人员和行政人员。为使馆员人尽其才，管理者必须通过工作评估、激励等方式调动馆员在工作中的积极性。

2. 读者管理

读者作为馆方服务的对象，满足其需求是图书馆存在的意义，也是图书馆发展的推动力。读者群体有着多样化的特征，读者管理成了图书馆管理中最为要的部分。管理人员首先要明确读者的概念，以用户需求为核心使读者信息需求得到最大程度的满足。

（二）图书馆的物力管理

1. 文献

文献资源是图书馆的根基，是构成图书馆的基础。图书馆从自身性质和承担的任务出发，按照一定的工作方针，顾及读者需求，经过长期的积累和沉淀之后才形成了系统化的文献资源。随着科学技术的发展，图书馆资源也越来越丰富，目前已经有多种文献形式，包括纸质印刷资料、微缩复制资料、数字化资料和网络资料。资源管理除了要确保文献资料的系统性，还应保证读者获取文献具有便利性。我们不仅应该专注于构建图书馆特色馆藏，而且还要着眼于构建资源共享等方面。

2. 馆内的设备

设备指图书馆具备的物质条件。传统图书馆基本的设备有：建筑物、书架、刊物架、照明灯、桌位等。现代图书馆除以上的设施，还新增了许多设施，如视听设备、复印与打印设备、电子阅读器、传真机、自助化借阅系统、中央空调、无线网络等。其中，一部分是服务于馆内业务的现代化设备及系统，另一部分是服务于行政与后勤的设备。

3. 技术设备

图书馆的技术设备是基于计算机软硬件系统和自动化数据库系统设置的。数字图书馆、网络资源的出现使图书馆的自动化系统日益完善。随着这些技术的应用，图书馆设备也发生了巨大的变化。因此，管理者应利用战略远景来规划和建立技术设施系统，以便为资源系统的维护和发展提供支持。

（三）图书馆财政资源管理

图书馆的财政资源主要来自两个方面：①社会各方向图书馆提供的资金；②政府的专项拨款。图书馆财政支出主要用来购买各类文献资料，支付活动费用、行政管理的费用、工作人员的薪酬、设备维修的费用等。

在图书馆的财政资源管理中，经费预算是一项主要工作，经费要按照预算来使用。管理者要把核算执行的情况作为财政管理和经费使用的依据，经费管理要有严格的财政制度，只有严格遵循财政制度，才能保证"好钢用在刀刃上"。

三、图书馆管理的基本要求和具体内容

（一）基本要求

管理的标准化、工作组织的合理化、员工的专业化、工作计量化等是现代图书馆在管理当中的基本要求。管理标准化，指的是管理所用的规章制度、技术等都要标准化；工作组织合理化，指合理使用人力资源，各负其责，各尽其力，实现人力资源的最优化、最合理化，既能节约人力，还能提高效率；员工专业化，指的是为实现管理目标，图书馆应打造一个专业的管理队伍，队伍的成员要具备一定的管理知识，掌握过硬的信息技术及工作技能；工作计量化，指建立管理的统计系统，用数据直观呈现图书馆的运行情况，这样有利于实现量化管理，更直观地反映工作情况。

（二）管理的内容

图书馆整个管理工作要经过计划、决策、组织、领导、调节、调控等多个工作环节才能完成。各个环节相互制约、联系紧密，在管理中协同发挥作用。

1. 计划

计划作为预测未来、制定工作目标、做出决定、选择方案的环节，在管理中的作用十分关键，常常对图书馆工作的好坏有决定性的影响。所有的工作决策都要经过合理计划之后才能决定是否能实施，一般图书馆的计划从两层面着手：一是基于图书馆整体事业的发展；二是针对单个图书馆的发展。

整体发展计划汇集了地方项目计划，单个图书馆的发展计划汇集了馆内各部门计划。在制定计划时要确定主要的工作任务，明确主要任务在总体计划当中的地位，通过计划的执行情况来衡量图书馆发展的规模和发展速度。

2. 决策

决策是否科学直接影响管理实效。在图书馆中需要对以下事宜做决策：

发展的方针、推行的政策、战略决策、各项业务的决策以及对财务分配、设备配置的决策等。

3. 组织

组织是在资源与职能间建立关系的过程。应确保通过"组织"履行管理的职能，制定完整的计划，并实现管理的目标。组织工作是劳动分工的行为和组织各方面的合作。组织工作还包括人事工作，即组织的工作过程和适当人员的培训。因此，图书馆的管理系统中必须形成完整的组织结构，各个岗位职责分明。

4. 领导

领导工作影响着工作的组织方式和员工的工作态度。包括激励方式、领导方法、沟通技巧等问题。图书馆合理设置领导层的结构，注重选拔有领导能力的人才，重视领导层的结构，加强各部门领导的协作。领导者应注意，除了奖惩分明、正确运用权力外，还要不断学习专业知识，以此提升管理能力，增强自身的权威性和影响力。

5. 调节

协调是管理中不可缺少的一环，可以使图书馆各项工作有序进行，各部门实现团结协作，避免出现矛盾和工作脱节的现象。管理中的协调分为宏观层面的协调和微观层面的协调。

宏观协调指外部协调，通常针对馆际合作，包括纵向的协调与横向的协调。纵向维度的协调是在系统内部自上而下的协调；横向协调是对不同馆的政策与任务的协调。

微观协调一般指馆内的各系统之间进行的调整，也可以分为纵向、横向两种协调方式。图书馆内作纵向的微观协调，是为了让子系统处于平衡的状态；而横向协调则是为了促进馆内各个部门的协作。

6. 调控

要实现有效调控，需要依靠输入、有效转换、输出以及反馈，四者缺一不可。管理的实现要借助控制功能，控制功能不仅能够在管理中按照既定的工作计划对偏离计划的过程进行纠正，还能以其独特的信息反馈对图书馆未来的管理工作提出改进意见。

四、图书馆管理原则及管理的意义

（一）管理坚持的原则

1.集中原则

我国在图书馆管理中的一项基本的原则就是集中原则。首先，对图书馆事业集中管理。只有协调好全国图书馆的工作，才能针对图书馆事业制定共同的发展目标，进而进行科学规划。其次，图书馆工作中运用的技术、涉及业务的管理也采用集中原则。管理要实现标准化，需要管理人员将馆内的数据存储格式、信息交换标准、编目分类等进行统一的标准化处理。

2.民主管理

为促进图书馆工作向好、向快发展，监督领导层的工作，让大众及时了解本馆的工作实践，监督相关计划的落实，图书馆管理过程中需要听取不同的意见和声音。在这种情况下，管理要依靠工作人员、用户等的力量，形成民主管理机制，图书馆管理中要注重民主参与。

3.计划管理

注重"工作计划"在各项详细管理事项当中的作用。计划是根据实际情况和要求，预先明确工作目标、具体工作方法和步骤等。计划包括全馆的整体计划、部门专项计划或针对某一具体工作的专项计划。在制定工作计划的时候必须从实际出发，还要留一定的操作余地，以便在执行时根据实际情况做调整。

（二）图书馆管理的意义

1.图书馆管理有助于发展国家图书馆事业

由于社会在不断发展、技术也在不断革新，我国的图书馆事业获得了良好发展，图书馆在发展中经历了学科分化和学科综合，在诸多学科的信息交互与融合中形成了图书馆体系。这一体系中又包含很多图书馆子系统，分化出的子系统之间互相合作，相互制约，共同担负起向社会公众提供文献资源的任务。

图书馆数量和类型增多，与用户的联系也更为密切。这说明图书馆不再是孤立的个体，而是社会有机体的一部分。因此，要通过科学管理加强馆际、图书馆与用户之间的联系。

国家的图书馆事业由不同种类、不同领域的图书馆综合而成。要使图书馆事业的布局合理，实现协调发展，必须对其实行科学管理，把丰富的文献资源作为社会财富，通过开发和整合，实现全社会共享。

2.图书馆管理能保证信息资源有效利用

信息社会文献量激增，图书馆面对总量庞大的文献资料，在挑选时必须精准，整理要有条理，之后再运用先进的技术进行加工，以便及时向用户传播有价值的信息。以上工作需要在科学、有序管理下才能有效完成。科学的管理是信息资源得到有效利用的前提。

3.科学管理有助于图书馆实现现代化

运用科学高效的方式对图书馆进行组织管理，既是图书馆实现现代化的实际需要，也是打造现代图书馆的基础工作。如果图书馆不能落实科学管理的要求，也就难以真正全面实现现代化。要想实现现代化，就要建立系统化的信息网络，配备完善的设施，保证用户能准确、迅速地获取文献资料。这需要以科学管理为前提。假如组织管理缺少科学性与有效性，即使图书馆中拥有全套服务设备、应用了最先进的技术，也不能发挥这些设备和技术的作用。图书馆的现代信息网络要想充分发挥应有作用，除了要应用现代化设备与技术，还要保证管理的质量与实效。

现代化的信息网络建成之后，要想让这一网络发挥作用，不仅要靠先进的技术和齐全的设备，还要依靠科学管理。实际上，管理水平往往对信息网络的使用具有更加直接的影响力。

第三章 图书馆服务评价

第一节 图书馆服务工作评价

一、图书馆服务评价的基本程序

图书馆服务评价强调专业性，为对服务作出客观、公正的评价，达到评价工作的预期目标，应依据标准的工作程序来开展服务评价的一系列工作。

（一）评价前的准备工作

确定评价的对象、主体、具体的指标、标准和方案，形成评价小组。这些准备工作为评价的顺利进行打下基础。

评价的对象是图书馆服务的质量与水平。具体包括图书馆服务的效率、协调能力、对用户需求的满足程度，以及工作人员的专业素养、业务能力等。

在做评估时，要先明确评估项目、评估规则、打分依据，通过综合评估全面评价图书馆工作。对于图书馆工作的评价要从多个方面进行：①馆舍建设与硬件配备。包括馆社建设情况、各阅览室的分布、设备配置等。②团队构成。包括工作人员总量、各层次人才所占比例、工作人员的职业能力等。③馆内文献的总数和质量。图书馆在大量构建文献资源库的时候，不仅要注重资源的总量，更要强调入馆资源的品质。④读者服务。这一工作主要通过开馆时间、资源传播率、用户总量、读者入馆率、阅读推广活动的开展、读者教育、培训与辅导活动的组织、数字化资源建设水平等方面来评价。⑤网络服务和数字化建设。如馆内对新型网络技术的引入与使用、服务网络覆盖率、文献的数字化转化程度、联动式服务体系的构建等。

（二）评价具体实施

评价实施是评价工作中影响最大的一环，具体过程分四步：相关信息的收集、信息整理、信息处理、进行综合评价。

评价信息是对图书馆服务作出评价的客观依据。通常通过调查表、调查问卷等呈现各项评价内容，选定调查人群之后再发放问卷和表格开展调查，之后要收回。设计调查问卷时，要全面设置评价项目，图书馆提供的所有服务都要体现在问卷中，这样才能使调查和评价准确、全面。收回调查问卷之后要进行信息分类。确定信息具有参考意义之后要妥善保管，保证后续可以随时使用这些资料。处理评价信息时可采用定量原则或定性原则，通过直观的数据呈现各项评价对象的评定结果。

（三）评价分析和决策

对评价的有效性进行分析，明确评价结果及评价自身的质量，再根据结果进行决策，这是评价工作的进一步延续。评价分析除了分析评价对象的问题，还要对评价活动进行分析。对评价本身做分析是评价中的关键工作之一，影响其在政策制定时的参考价值与适用度。

二、图书馆服务评价的目的和作用

图书馆是文献信息类服务机构，其职能是为人们提供各式各样的文献信息，满足大众文化需求。图书馆服务评价是检测图书馆服务的效果与质量的科学方法和有效途径，其目的与作用也是很明确的。

（一）图书馆读者服务评价目的

兰卡斯特认为，对图书馆服务进行评价的目的包括以下几点：①确定现行服务水平及标准，以便于日后进行评估比较；②与图书馆获得的工作成果做比较；③明确图书馆的价值与成本效益；④发现图书馆工作的不足，以便改进。

服务评价主要目的是通过收集资料和数据，对图书馆的各个工作环节进行全面分析，找出存在的问题，并提改进的对策，使馆方意识到工作中的不足之处，为其工作指明方向，同时也为相关文化主管部门对图书馆进行指导和监督提供依据，实现评价与建设相结合、以评价促进建设的目的。

（二）评价的具体作用

评估能够促进图书馆尽快实现工作目标、提高工作效率。详细来讲，图书馆评价的作用包括下列几个方面。

1. 反映当前图书馆服务的状况

服务评价是参与评价的不同主体针对图书馆的环境、基础服务、网络资源服务、咨询与检索服务、读者培训等方面按照一定的标准作出的客观评价，是图书馆服务状况的综合反应。

2. 为决策提供科学依据

主管部门可通过服务评价充分了解管理对象，可根据实际情况制定管理计划。对图书馆来说，通过服务评价，可以反映自身的工作水平，发现与工作目标之间的差距，为改变工作重点、提高工作实效提供参考。

3. 促进行业交流和自我完善

服务评价大都是在一定范围内开展的，如在某个地区、某个图书馆系统甚至在全国范围。评价中使用统一的评估体系和评价标准，得到的最终评价结果具有极高的参考价值，反映了某一区域中图书馆发展的实际情况，为地区间、不同馆之间的交流提供了机会，有助于图书馆的自我纠正与完善。

4. 推动全国图书馆事业的发展

评价标准对图书馆工作提出了具体要求，对服务网点的设置、馆际之间的协调、资源共建与共享、数字化建设等也进行了规定，对图书馆事业发展具有积极的引导作用。评价还能在微观和宏观层面上反映我国图书馆行业的发展现状，为国家从整体上规划图书馆发展蓝图、推行相关的政策等提供参考资料。

第二节 图书馆服务评价采用的标准

一、图书馆评估指标

（一）关于办馆条件的评估指标

通常主要通过图书馆的设施、馆藏总量、人员配备、经费总量、新技术的应用等方面来评估图书馆的办馆条件。图书馆的经费包括财政专项补贴、图书资源购置专用资金、活动创收的收入、全年的捐赠收入等。以上几方面的具体情况能直接反映图书馆实际经费条件，因此不再针对办馆条件设置单独的经费指标，这样能使指标尽量简单。

（二）测定服务能力的具体指标

图书馆通过服务能力体现自身的社会职能，服务能力的测定指标包括服务的功能、类型与特色。读者服务分为普通服务、个性化服务、线上服务、图书宣传、周期性宣传及馆内工作情况公示、知识工程建设等几个方面。除了要保证基础的阅读服务正常开展，图书馆还要为残疾人士提供方便，要设置专用阅览坐席和便捷通道。针对弱势群体推出专门服务，还要设置服务网点，定期开展送文化下乡、送书进社区等公益文化活动。

（三）服务效益评价指标

为保证图书馆的所有服务活动有序进行并获得持续发展，必须有相应的经费定期投入。既然有经费投入，就应该对产出的效益进行评定和分析。通常可以通过文献购入与保存、服务投入、新设备引进等耗费的成本来评价图书馆的服务效益。需要注意的是，图书馆通过利用文献资源提升社会整体的文化素养、带动科技创新与科学研究等而产生的社会效益、经济效益也属于服务效益的范围。

（四）人员素质衡量指标

馆员素质对图书馆的服务水平有最直接的影响。评价馆员素质要从学历、专业能力、知识结构、职称比例等方面入手。关于图书馆领导层的素质考核，要按照图书馆考评领导班子的专用考评指标，包括学历、计算机技能、专业业务的培训等。除以上各项，针对馆员还要考察其沟通能力、协调能力、团队合作能力。

当前，人们对图书馆馆社环境的要求日益提高。人们在图书馆除寻求知识外，还要感受馆内环境。图书馆环境分为实体环境与心理环境，由温度环境、空气质量、视觉环境、声音环境以及服务环境当中的人共同组成，这些因素贯穿服务的整个过程，也决定了服务的效果。

二、图书馆评价的方法

现阶段经常采用的评价方法有：定性评价、定量评价以及综合评价。以读者需求为中心的服务评价，必须有实体用户的参与。评价工作中可随机对实体用户做调查，或者通过对用户抽样调查获得用户反馈信息，要保证用户样本具有多样化特点，这样才能使服务评价更真实、全面。

（一）定性评价

定性评价主要以总结、归纳的方式对服务质量进行评价。在评价中，可将指标划分为"优、良、差"，将"用户使用的便捷程度"的等级分为"很方便、较方便、一般、不太方便"，然后组织用户进行评价，并及时收集评价信息，之后将信息汇总起来仔细分析，得出图书馆服务质量评价的结果。

（二）定量评价

采用统计学的方式，通过搭建数学模型来评价的方法就是定量评价。该方法的精确度较高，能有效避免主观性和随意性；缺点是过程相对复杂，评价者需要具备一定的数学分析能力。在采用定量评价法时，为了更客观、更准确地反映评价的结果，应当由不同的部门、不同系统的人员组成若干评价组，各小组分别得出评价结果，将结果综合之后得出的才是最终的评价。

（三）综合评价

定性评价与定量评价结合使用就形成了综合评价。在这种评价中，定性分析具有基础性作用，定量分析发挥补充和细化作用，通过模型和具体数据表示评价的内容，使最终结论更明确。在评价中，为保证评价结果公正、全面，如果所评价的项目不适合用定性分析，就要灵活选用定量分析，对于可以量化的指标，要尽量用量化的指标说明，然后再通过定性法校验一遍，这样是为了确保评价具有准确性。

三、服务评价的特点

关于图书馆服务的评价是指通过一系列方法对馆员工作及服务活动的开展进行连续性的评价活动，旨在通过每一阶段的评价促进工作目标的实现，提高工作的有效性。服务评价在图书馆活动中表现出以下七方面的特点。

（一）规范性

对图书服务的评价是有统一指标的，通过体系化的指标来评定各项图书馆工作，具有明显的规范性特点。评价的方案、评定方法和实施程序是严格按照评价规范和标准进行的，参与评价的所有人员必须按照具体方案进行，根据评价指标的对各项服务给出评价结果。

（二）目的性

服务评价具有非常明确的目的性，评价目的又决定了评价的内容、所用方法、具体程序和目标。如果图书馆进行评价的首要目的是考察本馆文献信息类服务工作质量，可对用户进行满意度调查。从用户反馈的信息分析服务的可取之处和有待改进的地方，进而实现服务质量的提高。若图书馆想通过评价了解本馆的整体建设和工作绩效等情况，可制定综合评价的计划，请专业人士对各项工作和建设作出权威评价。所以，鉴于评价目的的差别，评价内容和评价项目也会有很大的差别。

（三）可行性

评价的"可行性"体现在三个方面：①评价方案中要体现出评价所用的原则，同时还必须从被评价对象的实际情况考虑；②评价方案必须是可操作的、能够实践的，不能是概念化的、抽象的；③评价方案要便于落实，简单明了。只有方案可行，评价活动才能根据方案一环一环展开。

（四）真实客观

评价是真实而客观的，是指参与评价的人员对图书馆评价时必须保持客观，避免主观因素与其他意外情况干扰，保证得出的评价结果是客观、公正的。同时，评价方式与所用方案也力求公正、客观，得出的数据要真实、可靠，这样才能得到准确的评价结果，如实反映图书馆现状。

（五）主体性

评价活动始终与图书馆相关，必然会因为"相关性"而表现出主体性。因此，无论是评价者，还是被评价者，均不能完全避免个人态度、情感、喜好等因素的影响。在评价中体现了评价主体的意志、感情，也反映了评价的角度及所处的社会层次。

（六）导向性

服务评价是遵照规范的标准，按照一定的评价目的进行的，最终目的是为图书馆实践提供参考与指导。图书馆的服务评具有的导向性表现在两方面：①评价体系指标设置与达标的标准往往具有前瞻性，指明了图书馆工作的方向；②评价的实践性和指导性要求评价必须具体且明确。

第三节 图书馆服务绩效评估

一、绩效评估概述

国外对图书馆绩效评估的理论研究最早始于 20 世纪 60 年代，这一时期学界也进行了相关的实践，出版了大量绩效评估方面的手册，通过手册规定了绩效评估的详细内容。与国外相比，我国对这一方面的研究与实践都相对晚一些，直到 20 世纪 80 年代中后期才有所涉及。我国的国家图书馆在 2001年推出了《国家图书馆绩效评估指标体系》，标志着国内图书馆的绩效评估和国际标准实现了接轨。

（一）测评原则

测评总体上以服务为导向，以绩效评估为核心，以量化评价为测评基础，定量、定性结合。

（二）绩效测度

图书馆的绩效评估指的是按照统一的指标，采用科学方法，了解图书馆投入文献和资金等资源的总量，对图书馆提供的各种服务及所取得的实际效益作评价。绩效测度当中，"绩效"指服务的效能、政府拨付的专用资金、社会捐助的资源等的使用效率。绩效测度可分成三种：关于工作流程的测度、产出的测度与结果的测度。

（三）绩效测评的指标体系

指标体系是对图书馆进行有效绩效评估的关键。早在 1990 年，曾月末（武汉大学）就对理查德·奥尔的图书馆绩效评价基本框架做了简要介绍。图书馆服务评价主要针对质量、价值两方面，用图书馆满足用户需求的能力来测定服务质量，用图书馆运行中取得的实际效益来测定服务价值。因此，若没有完善的测评指标体系，评估很难达到预期效果，也无法为图书馆下一步的工作提供借鉴。

（四）具体的测评方法

图书馆绩效评估主要有两种方法：①评估图书馆的整体效益，如对总体投入的评估、图书馆综合评估、职业标准的评估等；②针对馆中具体工作流程的评价，如指标分析评估、工作流程评估等。其中，指标分析的评估方法可对图书馆整体的服务架构进行评估，具有提高图书馆服务绩效、协助图书馆达成整体目标、揭示图书馆的社会价值等多种功能。

二、绩效评估的功能

对于图书馆来说，不管哪种评价，其根本目的都是为了提高服务的质量。总体上，图书馆绩效评估有五大功能。

（一）社会功能

图书馆以文献信息为主要服务载体，具有保存人类优秀文化遗产、向社会大众传递知识和信息的文化职能。此外，图书馆也是重要的社会教育单位，肩负着提高大众文化素养、保障公众基本的文化权益、缩小社会中文化资源占有量差异的重要使命。绩效评估能够客观反映图书馆服务的能力和实际水平，进而保障各项社会职能的发挥。

（二）认知功能

图书馆是社会中非常重要的文化教育场所，它通过引导和帮助用户有效利用各种文献和资料提高大众的认知水平，用户在这一过程中也会对它提供的所有服务形成具体认知。绩效评估能够对用户使用文献资源取得的成效进行判断，进而促进服务的升级，使图书馆活动更加有效率。

（三）导向功能

绩效评估在图书馆的运行和持续发展中发挥着导向作用。以图书馆领域的政策、法规为基础而制定的评价指标体系，集中体现了图书馆的工作要求与目标，能客观评价各项工作完成的质量，明确了工作人员开展实践的方向与方法，有利于总结工作中存在的种种不足，为科学管理提供思路，排除各种不利因素造成的负面影响，将有限的资源用于服务。

（四）激励功能

图书馆绩效评估是目标管理在图书馆工作当中的实际运用。将评价标准中的具体要求作为衡量工作完成度的标尺，能准确反映工作的完成度及服务质量。评价的时候要按照评价指标进行，这样才能激励馆员主动发现不足，及时改正，甚至还能促进图书馆改革和创新。通过最终分析得出的评估结果是对服务、活动及工作成果的直观呈现。采用奖惩结合的方法能够促进服务改观，提升馆员服务的积极性。

（五）调控管理功能

调控管理功能是通过评价对服务的全部过程进行控制与调整。调控管理的内容包括服务计划、服务的资源、所用设备、活动经费、人员安排等。评估主要针对图书馆工作的实际情况、最终目标的实现情况、行业发展的差距等内容。图书馆和主管单位进行决策的时候，会将评估结果作为重要的参考依据，以此提升馆内服务的现代化水平和行业发展的科学水平。

第四章　图书馆读者

第一节　读者结构

图书馆读者的概念是针对特定人群提出的，指有阅读能力并对文献资源有需求，能够对图书馆资源有效利用的个人、组织或各类社会团体。图书馆为读者提供服务，所有的活动都是为了组织、引导读者进行阅读。图书馆是文化教育机构，其各项功能都通过读者阅读的效益体现出来。读者是承载和接受图书馆社会作用的直接对象，图书馆服务对读者阅读活动有直接影响。读者选择和利用馆藏资源的时候带有极强的自主性。实际上，读者才是图书馆的主人，馆方开展活动需要将读者作为中心，了解读者动态需求、充分保证用户具有自主选择权，不断丰富馆藏、引入新的技术与设备，使读者文献需求得到满足。通常图书馆的读者群体非常庞大，来自各行各业，涉及各个领域。所谓的图书馆读者既包括已有的用户，也包括潜在的用户。当前的正式用户是进入图书馆接受服务、参与活动的人群。其中既有临时读者，又有正式读者。

一、读者成分

图书馆通常以读者本身的社会属性和自然属性为主要依据来划分读者成分。

读者的职业、文化水平、年龄层次、生理特征以及性别、民族、所属地域等，都对阅读活动产生直接影响。读者之间有相同之处，也有很多差异。

图书馆按照读者特征来划分读者类型，进而研究读者阅读活动的特点和影响因素。

二、读者类型

图书馆读者覆盖社会中的各种群体，读者可分为很多类型，不同类别的读者具有不同的特征。不同背景、不同文化层次的读者有不同的阅读偏好，对于读物的需求也是不同的。为了解读者的阅读需求，需要按照一定标准对读者进行分类。考虑到读者人数众多，职业领域和文化水平不同，应该采用多种划分标准对图书馆读者群体进行合理分类。

读者类型的划分要根据读者群体的结构特征。通常从读者的职业类型、年龄层次、文化程度划分读者的类别。按照读者的年龄，可分为儿童读者、青少年读者、中年读者与老年读者；根据读者性别，可分为男读者和女读者；根据读者的民族特征，可分为汉族读者与少数民族读者；根据读者在生理上表现出的特殊特征，可分成聋哑人读者、盲人读者等。可以说，读者自身具有的特征反映了其所属读者群的共同特点。

给读者分类，不仅要从读者自身的特征着手，还要观察其在图书馆活动的主要方式，即读者在图书馆中的借阅权限与组织形式，这是划分读者类型的另一个重要依据。

按照读者借阅权限，可将读者分成正式的读者与临时的读者。正式读者持身份证等有效证件在图书馆进行实名登记，且有借阅证，他们有权经常使用馆内的特定资源。临时读者指那些偶然前往图书馆借阅图书或查询书刊等资料，但并没有正式在馆登记注册的读者。他们利用图书馆的资源时会持个人的身份证或单位的介绍信，有时也不需要任何的证件，这类读者也称图书馆的临时读者。正式读者与临时读者对图书馆各类资料的使用权限是不同的。

按读者具体的组织形式，可将其分成个人读者、集体读者及单位读者等三类。其中，个人是图书馆读者的主要类型，又可进一步细分成不同类型，馆内的工作人员也属于个人读者，他们以个人为基本单位来利用资源。集体读者大都以小组为基本单位，在使用资源时，整个集体在阅读方向和资源需求上表现出一致性。单位读者常常是以某个固定的社会机构为基本单位来使用馆中的文献信息和馆藏资料，其中包括建立合作关系的同级别图书馆，也包括同一图书馆的下级部门或分支机构。

读者的分类标准是相对固定的。由于读者所处的社会环境相对稳定，同时也是复杂的，如果经常变换读者分类标准，会给图书馆工作带来很多不便。还需要注意的一点是，在制定划分标准的时候，每条标准必须有突出的特征，这样才能明显区分读者。

三、读者的范围和重点

明确读者范围并确定重点，可以为图书馆明确工作重点，使工作分出轻重缓急，让各项资源得到充分利用，提升图书馆的工作效益。

读者群体成分多样，类型较多，既有重点读者，也有一般读者。图书馆将重点读者作为研究的主要对象。在明确重点读者范围时，图书馆需要同时考量自身的情况和读者的情况。首先，图书馆必须明确自身的主要任务和馆藏重点，明确图书馆的主要职能是侧重科研，还是侧重大众教育；是服务于专门的单位、机构，还是服务于全体大众。其次，要明确大部分读者利用馆藏的目的，是为了学术研究，还是为了自我提高，还是仅仅为了休闲娱乐；读者到馆的频率如何；读者与图书馆的互动效果怎样。图书馆分析实际情况之后，才能确定不同类型的重点读者，然后明确读者的实际需求，为发展重点读者做充分准备。图书馆重点读者一般都是以研究型、自学型的读者为主。此外，经常到馆，能够积极表达自己的阅读需求、有效反应映实际阅读效果的个人、团体或单位形式的读者，都可以成为重点读者。

公共图书馆与单位、研究机构或学校图书馆面对的受众是不一样的，因此它们的读者范围和重点读者也不一样。

单位内部所设的图书馆只对单位内部开放，所有读者都是本单位的人，范围非常固定。在范围固定的读者中，图书馆会将经常到馆中查取资料、有研究任务、学习任务的人作为重点读者。

公共图书馆是向全社会开放的，其读者范围极广，读者总量大，类型多样，但并不是所有到馆的人都是正式读者，成为正式读者是有一定条件的。各级的公共图书馆都注重调整读者的队伍、发展正式的读者，这是其主要的任务。

在发展本馆正式读者的时候，图书馆需要从三个方面进行考量：①本馆具备的条件。关于文献种类、馆社规模、设备条件、各类文献的比例、工作人员的总数和业务能力的等，要从大众阅读、科学研究两方面考虑。②本地区的实际发展要求。要结合当地的经济水平，教育、文化等行业的发展情况，深入了解区域内的企业、学校、社区等的文化建设现状，重点关注缺乏文献资料和阅读资源的个人、单位以及各类社会团体。③注意本地区图书馆行业的整体发展规划。明确不同图书馆的分工，通常不将其他馆中的读者当作本馆正式读者来发展。因为读者会将离自己最近的图书馆作为首选，除非当前图书馆不能满足文献需求，才会申请馆际互借或直接到其他图书馆寻找目标资料。

图书馆在对读者队伍做调整时，要考虑很多因素，其中最为主要的因素有：①当地的经济与文化发展情况。一个地区的经济体制改革、经济政策变化、科学文化机构的调整、工程项目的建设、科学研究的开展等都会对图书馆的读者队伍产生影响，会改变读者的构成。②读者个人原因引起的读者群体变化。图书馆经过一段时间的运行之后，有一部分读者因变换工作单位、搬家、出差等原因不再到原先的图书馆使用资源，导致个人的借阅证长时间闲置，图书馆的空证率上升。同时，还有一部分有阅读需要的人不能领取借书证，还有一些人因条件不符无法成为该馆的正式读者。③馆藏资源在流通中出现的问题。一部分馆藏图书缺少相应的使用者，被长时间闲置，而有这部分资源需求的读者并不是图书馆正式读者。鉴于以上情况，图书馆要定期核实读者的身份，对于长时间没有使用借书证的读者，在与读者联系后进行撤销；要及时发展新读者，平衡各种类型读者的数量，保证读者结构与馆藏结构适应；结合本馆的实际能力和主要任务调整读者构成。及时调整读者队伍，能够促进图书馆实际能效的发挥，使有需求的读者找到合适的资源。

公共图书馆以三至五年为周期，推出新的读者队伍规划与调整计划。会在计划中明确读者总量、读者类别以及各层次读者的数量分布，明确馆中一般读者、重点读者的具体条件以及数量，规定读者必须进行登记，图书馆要公开发展读者，要兼顾各个行业、各个领域。

公共图书馆通过读者的范围显示出了其具有的公共性特征。例如省级公共图书馆要面向全省公众开放，服务对象包括各行各业、各个阶层；读者的文化程度各异，不论文化水平如何，都可以到图书馆学习；读者涉及各个学科。在大量的读者当中，图书馆正式读者主要集中在省会所在地。个人读者分成研究型读者和普通读者，普通读者总量通常是研究型读者的两倍以上。这两类读者的借阅范围、还书期限、可借阅书籍的数量等是不同的，选择的服务模式也有很大区别。对于这两类读者，图书馆要遵循一定的标准来划分一般读者及重点读者，明确重点服务的读者群体。

图书馆通过科学筛选确定重点读者之后，要为重点读者的进一步发展提供支持。重点读者通常都肩负着科研任务，经常到图书馆查阅各类资料，是能向图书馆反映借阅效果的具有专业性的读者。重点读者可能是科研领域的工程师、高校教师或其他的专业人员，这类读者在图书馆中可享受到更优质的服务，如可借图书册数增加、借阅期限延长、可以预约借书、有专门的数据库和档案室供其使用。如果图书馆条件允许，还可以提供个性化定制服务，包括送书上门和跟踪服务等。

第二节　读者心理

要掌握读者在图书馆中具体的阅读活动，就需要从读者心理的产生和发展上来寻找规律，分析读者同图书馆工作之间的联系。读者心理研究是通过图书馆学和心理学的融合发展而来的，通过心理学原型和理论的应用来分析和研究读者的心理活动，以求把握读者的心里规律，预测读者的需求动向，为文献服务提供理论上的支持。图书馆针对读者的心理开展研究，主要目的是了解读者的需求，分析读者的阅读能力，明确读者的阅读动机与兴趣偏好对阅读实践的影响。当前，读者心理学的理论已经初步形成，该领域的研究者也在通过实践不断丰富和发展这一知识体系。

一、开展读者心理学研究的原因

此处我们所说的"读者"是指在图书馆中活动的人。"读者心理学"是"图书馆读者心理学"的简称,与它相对的是"社会读者心理学"。图书馆的读者心理学研究的是在图书馆这一特定环境当中的读者的心理现象、心理变化和相关规律的学科。

人类需要不断发展,知识应持续更新,以更完善的理论指导各项社会实践活动,推动文明不断前进。我们在课堂中学到的知识是有限的,很多新的科学理论、新的研究成果以文献资料的形式存储在图书馆。当人们从大量的文献资料中获取知识和信息的时候,个体的心理变化也是很复杂的。不同类型的读者的阅读范围、知识结构和信息接受能力是不一样的,表现在心理上自然是有很大差别。通过对个体心理的把握,深入研究群体的阅读心理,才能预测读者的行为与需求,为服务工作的进一步完善提供有力的支持。

二、研究对象及主要任务

读者心理学的研究基础是心理学领域的方法和原理,活动范围限定在图书馆;研究对象是全部读者;主要内容是读者的阅读心理、检索心理;探究读者心理同图书馆工作之间的内在关系与相互作用。读者心理学也是图书馆学当中的一个分支学科。

1. 以图书馆读者心理为研究对象

读者心理学研究图书馆各类读者的心理,既包括个体也包括群体组织,分析他们利用图书馆资源和处在图书馆环境中表现出的心理特点。通过读者使用文献资料的实际情况明确其兴趣所在、阅读动机及最终目标,将读者心理表现作为研究重点,揭示图书馆这一特定的环境中读者活动的规律。

按照读者主体的范围,读者心理学分为社会和图书馆两大方面。读者心理学涉及的领域众多,出版界、教育界、科学界等都非常重视。各种信息流通与传递部门为向读者出售图书和文献,都需要了解其心理。虽然图书馆领域与社会其他领域对读者心理学的研究在原理、方法上大同小异,且在读者群体上有交叉，但在环境上、活动方式、具体目的等方面存在明显差异。图书馆的读者心理学是在图书馆中通过组织阅读活动来研究读者心理。而社会各界开展的读者研究，有着各自的环境条件，且活动方式和研究内容不一样。

2. 以阅读心理与检索心理为研究内容

根据读者使用文献时的目的、方式及能力，可将其分成两类：阅读型读者和检索型读者。阅读型读者主要是青少年、大学生及普通读者，这些读者进行阅读主要是出于学习的目的，此外还有娱乐心理和欣赏心理，这些是主要研究内容。图书馆的读者研究中提到的读者心理大都偏向于阅读心理，并不涉及检索心理。检索型读者最为突出的心理是研究心理，分为综合研究与专业化研究，通常这类读者为科研人员。

阅读心理研究具体可分为四个主要研究方向：①读者层次研究，主要是对读者的理解能力、知识水平和智力等进行研究；②读者在阅读时表现出的心理活动及特征，如对阅读素材的选择偏好、进行阅读的目的和具体态度；③对读者文学修养的研究，通过研究分析如何提高读者在阅读方面的能力，教给读者有效的阅读方法；④研究馆内环境和阅读条件，分析阅读环境及设施对于读者心理层面产生的影响，目的是促进图书馆的建设，为读者的阅读和学习提供理想环境。

研究读者在阅读活动中的心理现象，发现其中的规律，有效引导、教育广大读者，这样才能使读者阅读切实有效。

检索心理研究的具体内容为：①读者的检索技能与水平；②研究读者检索文献时的共性心理，如追求文献的新颖性、及时性和全面性等心理；③读者的检索效果和对检索服务的具体评价；④读者在检索时形成的习惯是否和图书馆的信息检索系统匹配，以及读者对于图书馆目录体系所作的评价等。

研究读者检索心理是为了分析读者检索信息时的主要特点和检索方式，主要是为了完善图书馆检索系统，为读者检索提供便利。

3. 研究的主要任务是让读者心理和服务工作实现协调发展

读者心理学通过研究读者应用馆内设施和阅读材料时的心理现象与特征，揭示服务工作和文献利用间关系，从而引导图书馆事业稳步发展。

读者心理和馆方的服务工作相互影响。只有明确了读者的心理特征，了解读者需要，服务才能有的放矢，否则可能会盲目、混乱。同时，还要意识到服务工作在读者心理的发展方面具有能动作用。要明确区分读者心理，绝对不能不加区分，一味地迎合。此外，服务工作还必须在正确的指导思想下进行，向读者推荐优质读物，帮助其选择阅读资料，提供阅读指导和咨询服务。不同阶段的读者心理研究的社会背景不同，一定要结合时代背景与社会实际情况，不能只停留在理论上，还要在实践中验证理论。

当前，我国图书馆读者心理学研究可概括为三类：

（1）揭示读者群体或个体的心理和行为的现象及规律。图书馆读者心理学应立足心理学理论对读者的活动规律和心理进行分析和总结。

（2）研究图书馆各因素与读者心理的关系。通过调查、实验等途径获得量化数据，并通过统计、分析来探究各项因素间的关系，为有效控制变量提供科学依据。

（3）通过调整图书馆的各种因素来影响读者心理。明确与读者心理相关的因素，通过对各项因素的调整，实现干预读者的心理活动进而影响阅读行为的目标。这种调整要通过实验验证，最终确认改变的方式和调整的幅度，以达到理想的干预效果。

4. 读者心理学是应用性学科

读者心理学是心理学和图书馆读者研究相结合而形成的一个应用型的学科，心理学为其提供了学科基础，通过心理学中原理、方法的应用来研究图书馆读者的心理，成为图书馆学的分支学科之一。

读者心理学是心理学在图书馆界的实践应用，其研究的主要内容与图书馆学发展方向一致，同时也吸收了社会心理学及教育心理学等领域的成果，使自身的学科体系不断丰富。

三、进行读者心理学研究的意义

读者心理的研究有助于图书馆了解读者的心理变化和服务需求，某种意义上为图书馆的健康发展提供了有力支持。

评价一所图书馆的工作效益，不是看图书馆每天的读者入馆率、借还的图书总册数等量化数据，而是要看图书馆的馆员为读者提供服务的质量、营造的阅读环境，要通过"质"和"量"综合评价。图书馆通过观察和调查研究，迅速了解读者的需求，通过组织活动增强读者的阅读兴趣、培养阅读习惯，帮助读者形成终身学习的意识。研究读者心理的实际意义可分述为以下几方面：

（1）研究读者心理可为图书馆各类服务工作提供指导，使服务体系得到发展并不断完善。读者心理分析和读者需求研究都是严格按照学术研究的步骤进行的。读者心理研究的一系列理论为服务的开展提供指引，使图书馆的社会教育功能和信息传递功能全面落实。

（2）研究读者心理有利于增强服务体系的科学性，将被动式的服务变成主动服务。读者、图书馆互为主体和客体，读者心理与各项服务相互影响。读者心理研究能够避免图书馆工作的盲目性，使各项服务有的放矢。

（3）读者心理研究加强了工作人员同读者的联系。读者到图书馆为了查阅文献、利用信息，在馆内与图书馆员交流，体现了人与人之间的联系。在读者、馆员的交流中，图书馆员通常具有主导作用，在阅读中发挥指导作用。馆员不仅要专业素养过硬，还要广泛涉猎各领域的知识，通过了解读者心理特征，促进双方的有效交流，帮助读者解答疑惑，为其提供咨询和检索服务。

研究读者心理学，对指导读者阅读实践、发展读者服务，都是十分重要的。读者通过阅读活动和对信息的检索反映自己的心理，包括对图书馆现有服务体系的种种反馈，如图书馆规章制度合理与否？查询系统是否具有规范性？各项管理措施是否科学合理？图书馆布局与设备安排是否合理？图书馆各部门的服务协调程度如何？图书馆中各种设备及营造的整体环境对于读者的阅读能不能产生积极影响……图书馆了解读者的反应之后，才能积极创造条件、改善环境，从而使读者满意，保证宣传与教育功能有效实现，使服务产生较好的效益，让整体服务系统得到完善。因此，对读者心理进行系统的研究，深入地了解读者心理特征，是现代图书馆科学管理的重要手段。

第三节　读者对信息的需求

　　读者在各类信息的使用中居于主体地位，文献资料是客体，当读者有信息需要并通过实际行动满足需要的时候，主客体便产生联系，使需求得以满足。信息需求是特定环境下的个体性质的独立活动，是读者满足自身知识需求的一个过程。图书馆通过有序的组织使读者得到需要的信息资源，为保证阅读推广、参考咨询、阅读指导、读者教育等各项工作能有效进行，需要对读者具体的信息需求做系统化研究。

　　关于读者信息需求的研究，侧重于读者的需求心理、需求的属性、需求的具体表现形式等方面，为图书馆组织开展读者工作提供参考。

一、读者信息需求的概念与意义

（一）信息需求的具体概念

　　读者的信息需求是读者寻找和筛选文献信息的活动过程，这个活动的出发点是读者的文献需要，直到获得目标信息或文献才结束。这个过程反映了读者和文献资料之间的关系，是信息传播中的前期活动，获得目标信息或文献资料的过程也就是读者信息需求得到满足的过程。

　　广义上来说，读者对于信息的需求就是读者对于图书所提供馆资源的要求。图书馆资源分为下列几类：①文化资源，包括记载人类思想、文明、文化及技术成果的纸质文献、电子文献、网络信息以及以整理之后的二次文献和三次文献；②物力资源，主要指的是图书馆建筑、设施与设备；③人力资源，指图书馆中的工作人员。广大读者除了希望图书馆依据他们的实际需求为自己提供文献，还需要馆方为其提供良好学习环境和一些必需的设施。同时，馆员要积极、主动地服务读者。

狭义的信息需求是读者对书刊等文献资源类的需求。读者要通过具体的信息活动获取文献，从中得到有用的信息，通过对文献的利用发挥信息和文献的实际作用与价值。读者从自己的信息需求出发，对资源进行选择，控制信息利用的行为，并对信息利用效果进行评价，最终满足自身对信息的需求。在这一系列的活动当中，读者的信息需求是通过信息的内容、使用信息的行为和最终获得的效果体现出来的。读者按照需求选择对应的信息内容、调节和控制自身的信息行为、评价信息利用的最终效果。如果一系列的信息活动使读者的需求得到满足，个人能力和文化积累也会相应提升。读者的信息需求在某种程度上反映了一个社会中大众的整体文化诉求。读者信息需求是复杂多样且不断变化的，必须引起馆员的高度关注。

（二）读者信息需求的意义

1. 读者信息需求是图书馆生存发展的根基

随着社会各领域的迅速发展，人们需要一个综合性的文化机构为其提供文化信息、最新科研成果及教育培训，并作为精神文化和休闲娱乐场所，能够保护和收藏社会中的文明成果，为各领域的发展助力。显然，图书馆是基于社会的发展需要产生的，社会需要具体的体现形式就是读者需求，图书馆就是依靠读者需求而存在的。图书馆通过开发信息资源、建立传递信息的体系，构建信息检索和网络服务平台等途径为广大读者提供信息，满足大众对于信息的多样化需求。

2. 满足读者需求是图书馆的核心任务

图书馆为要为个人、各类团体和组织提供服务，其核心工作就是满足读者在文献方面的需求，读者需求是其全部工作的依据。图书馆所有的活动都要从读者角度考虑，兼顾所有层次的读者，还要考虑读者各层次的需求。图书馆工作达到让读者满意的程度才算合格。

3. 研究读者需求是保证服务质量的前提

掌握了读者信息需求，能有效地避免工作中的盲目性，从而提高服务的实际效益，保证服务质量。仅靠一家图书馆，很难满足读者所有的需要。因此，图书馆建馆之初的主要任务和工作目标就是非常明确的。图书馆提供服务、组织活动时要讲究方式方法，明确重点服务对象，研究不同的读者在文献方面的需求，注重服务的质量。

4. 能否满足读者需求是评价馆方工作效率的重要标准

图书馆通过实践满足读者需求的程度，表明了服务的成效，通过这一点也能看出图书馆馆藏和资源构成与读者信息需求的契合程度。只有资源结构安排合理，才能提供有效服务。资源结构影响图书馆各部门的工作，也和领导层的决策息息相关。评价图书馆服务的效果、分析读者满意度，要通过统计拒借率来完成，还要结合图书的整体利用率、周转流通率、续借率、缺书登记、资料预约等进行全面的考量，从而明确服务工作中存在的问题，提升读者对服务的满意度。

二、读者信息需求心理

（一）信息需求的特征

信息需求实际上是一种精神需求，读者的个性、价值观、信息应用意识等都会对信息需求造成影响，因此个人需求心理呈现出一些典型的特征。

1. 价值追求

信息的需求心理有着明确的目标性和个性化特点，需求心理的满足程度常常受自身价值观影响，个人对价值的追求支配着信息检索活动。价值追求是读者进行信息选择的心理基础，具体有两种表现：①读者是从个人的价值观出发判断信息的实用价值，希望找到的信息都是有用的，而信息是否有用是个人通过主观判断得出的结论。面对查寻到的信息，读者心理的直接表现是，对越实用价值的信息，越迫切希望得到，查找时越认真。可见价值是读者查找所需信息的主要标准，也是进行信息检索与利用等活动的直接驱动力。②读者将价值作为唯一标准，有一部分读者过分强调价值心理，认为价值是万能的，导致信息需求有明显偏向性。在利用信息时会排斥自己觉得没有价值的信息，将价值作为信息取舍的唯一标准，这样会使信息选择不得要领。不能仅仅通过个人标准评价和确定信息资源的实际价值，馆藏资源的价值涉及很多层面。在信息需求中一味强调"价值心理",会对读者的信息利用和知识系统构建产生不利影响。这要求读者要合理控制价值心理,在检索和选择信息时要避免仅仅依靠主观意识来决定信息的取舍。

2. 强调可接近性和易用性

读者获取信息时,总希望投入最少精力的获取最有价值的资源。这种心理使读者在利用信息时会弃繁求易、舍远求近。导致信息是否具有易用性特征成为读者取舍信息资源的首要衡量标准。

1950年,美国的情报学家莫尔斯将读者在信息利用中表现出的注重资源可近性及易用性的心理总结为"莫尔斯定律"。这一定律阐明了读者查找信息时表选出的可近性与易用性心理的具体表现。同时,他还提出信息检索系统应提供尽可能多的信息检索方式,这样能够满足检索习惯各异的读者。

3. 追求新颖性

在读者信息需求心理中,新颖性心理占了很大比重,追求新颖是资源利用中一种普遍的心理。读者对新颖性的追求主要表现为以下几点:

(1)选择信息源时,主要强调信息内容新、含量大。因此,网络逐渐成了人们获取各类信息的首要渠道。

(2)利用信息时往往追求多项并用。调查显示,在社会科学类的读者当中有59.9%的人通过书论、综述及参考文献等获取可用信息,27.5%的人通过文摘、书目等二次文献获取信息。这表明读者更多地选择从二次文献中获取所需的信息,不再以利用一次信息为主。

(3)关于信息的时效性,读者要求提供的信息具有较强时效性。

4. 一致性心理

这一心理主要表现为读者基于原有知识结构接收和利用信息资源,不断扩充知识,巩固原有的知识结构,吸收的多是与原来的知识结构具有相同之处的信息。这是读者利用信息时表现出的心理特征之一,有助于读者的自我提升。

（二）对读者信息需求产生影响的因素

影响读者信息需求的因素可分为五大方面，即社会因素、个人因素、信息的价值因素及服务方面的因素。

1. 社会因素

直接影响读者的信息需求的社会因素包括四方面：

（1）制度与政策。读者的信息需求是在特定社会制度之下产生的，自然受制度影响。改革开放后，随着经济体制、政治体制的改革不断深入，图书馆读者数量大增，对于信息的需求也体现出了时代特征。关于政治和经济的方针政策对读者产生了直接的影响，使读者对信息的需求更加强烈，信息意识也明显增强。

（2）文化传统。民族文化传统和历史传承会潜移默化地影响读者的信息需求。对于具有文化自信的中华民族来说，读者在查找信息时首先考虑的是中文资料，其次才是外国文献。文化传统也会影响读者的检索习惯，国外读者主要通过搜索编者、著者或文献主题的方式来查找资源，我国的读者大都是通过分类检索的方式寻找目标资源。

（3）科技因素。对于社会的发展具有推动作用的科学技术的推广与应用、科技革新等，都会使社会大众在该领域的信息需求大增，促进相关信息的传播和国外先进技术的引进。在科技发达的国家和地区，读者在工作和生活中会接触先进的技术和理论，需要加强这方面的学习以掌握相关技术，因此需要大量阅读这方面的书籍；而在科技相对落后的地方，读者更多的选择资源开发方面的信息和资料。

（4）信息保证。图书馆等文化机构是否能够通过有效的途径为读者及时提供所需信息和资源，对于读者的信息需求产生直接影响。因为读者在选择信息时往往遵循便捷易得的原则，会优先选择最容易取得的信息资源。图书馆信息服务具有便捷性、准确性和及时性，能有效节约读者时间，为读者带来方便，有助于读者将需求转化为阅读行为。

2. 读者的个人因素

（1）职业特点及工作性质。读者个人的职业特点和工作性质对其阅读需求有很重要的影响。不同职业的读者在具体工作中接触的专业领域不同，需要的信息也有区别，因此在阅读时会有不同的信息类型侧重。

（2）读者的工作职责。读者个人的工作职责影响他们在阅读活动中的需求，决定其阅读内容和阅读范围，不同工作职责的读者所选的读物类型也有区别。

（3）读者的个人兴趣与专长。读者个人的爱好、兴趣、习惯等决定了信息需求的独特性，同时也影响读者的知识体系和结构的构成，体现出个人的信息需求特点。

（4）读者知识水平和受教育程度。由于读者受教育的程度不同，其所需的信息类型和内容的深度也有区别。以高校教师为例，他们既有教学任务，又有科研任务，所需的信息具有较强的学术性和专业性。

3. 信息的价值因素

信息的价值大小取决于读者当前面临问题的急迫性和信息产生的实际作用。信息的价值决定读者的需求，当信息的价值大时，读者就会对它有更为强烈的需求。

4. 服务方面的因素

（1）由于服务投入了一定成本，有些项目需要收费，读者对收费标准的接受度会影响相应的需求。

（2）服务能否满足不同读者的不同需求，即服务的效能也会影响需求。

（3）服务的质量，即所提供信息的准确性，也影响着信息需求。

除以上提到的各种因素，还有其他的因素也会影响读者需求，如国家制定的文化服务业政策、发展和管理方针，读者运用信息能力与意识等。

第五章　图书馆工作人员

第一节　图书馆工作人员概述

一、图书馆中的职业概述

（一）工作人员的职业名称

图书馆工作人员统称为图书资料员。

（二）职业定义

图书馆中的工作人员指的是从事文献资料采集、整理、开发、保管、流通等工作的专业人员。

（三）图书馆馆员的职业等级

馆员分为五个等级：五级图书资料馆员、四级图书资料馆员、三级图书资料馆员、二级图书资料馆员、一级图书资料馆员，分别对应同等级的国家职业资格。

二、对馆员的基本职业要求

（一）职业道德

1. 职业道德的基本内容

职业道德由职业规范和职业精神共同构成。职业规范是从事相关职业的人正确处理和职业有关的各类社会关系应遵循的基本要求。职业道德是由工作使命、岗位责任、职业纪律、工作态度、职业情感、工作作风等彼此交织而形成的一种价值观念。图书馆职业道德是以社会道德作为基础，从图书馆的基本任务、承担的社会责任和机构性质出发，对工作人员提出的职业要求和行为规范，以此规范馆员的言行，协调图书馆、馆员和读者间的关系，为工作人员的实践提供指导。

2. 职业准则

明确职业观念，践行社会职责；

顺应时代要求，积极开拓创新；

真诚服务用户，文明热情负责；

维护用户权益，保护读者隐私；

注重知识产权，推进信息传播；

保护文献资源，规范岗位行为；

深入钻研业务，提升专业能力；

注重团队精神，打造职业形象；

加强馆际合作，落实资源共享；

注重各方协作，共筑精神文明。

（二）馆员工作的基本内容

馆员对图书馆的日常运营负责，包括馆藏资源采购、整合、加工、入库、上架、借还、数据库管理以及读者服务等流程。但大众常把图书馆馆员等同于图书管理员，认为其主要负责图书借还。实际上，图书管理员除了负责资料文献的流通工作，还要整理图书、辅助非专业人员对资料文献进行加工。

管理员和馆员的具体工作内容存在很大差别。根据工作岗位的不同，图书馆工作者的工作内容也有很大差异。就目前的图书馆来说，具体岗位及工作内容大致有以下几类：

（1）负责决策。负责图书馆各项工作的规划、安排，制定规章制度，进行人员管理、经费预算与开支等，决策层馆员有书记、馆长、部门主任。

（2）保证计算机与网络系统的正常运行。确保管理系统正常运行，负责建设各类数据库并进行维护，保障网络安全和正常运行，维护网络系统等。

（3）资源的建设。文献采选人员负责采集和选择传统文献、数字文献；数据库建设人员负责开发并建立各种类型的专题数据库和特色数据库；编目人员负责加工文献资料并进行编目整理。

（4）用户培训。工作人员发挥专业特长，培养用户的信息素养和运用信息的能力。

（5）信息服务。当用户寻求帮助时，根据用户的要求来搜集资料，必要时还需要对资料进行进一步的整理和加工，然后再将资料交给用户。

（6）参考咨询。当读者在利用图书馆的过程中遇到疑难问题，馆员结合馆内外的可用资源，面对面帮助读者解答难题，也可以通过网络进行解答。

（7）读物预览和流通。负责规范和监督到馆读者的阅读和资源利用行为，提供图书借阅服务。

（三）馆员基本的业务素质

1. 熟悉本馆馆藏且掌握检索的技巧

图书馆员应了解各环节的具体工作，掌握文献资源在采集、处理、检索、流通、收藏等流程的具体操作方式与规律。

2. 具备过硬的业务能力

面对越来越多样的信息需求，馆员必须对自身提高要求，在实践中提升能力，及时掌握先进技术，这样才能有效帮助读者。在实践中要注重知识的积累，虚心向用户和同事学习。

3. 熟练应用计算机与网络系统

在图书馆的信息工作中，网络、多媒体和通信技术的应用日益普遍。当前开展服务工作离不开新技术，工作人员必须熟练掌握相应的操作技术。

4. 掌握与读者沟通的有关技巧

图书馆服务工作已在社会实现全面覆盖，受众非常广泛，馆员需要与各种读者打交道，因此，掌握沟通技巧尤为重要。沟通技巧指通过口头表达、肢体语言等准确地向读者传达信息，表达自己的态度与想法。通过有效沟通能准确了解不同类型读者的诉求，使读者和图书馆的关系更加和谐。

第二节　图书馆工作队伍的建设

一、馆员的素质要求

素质由品格、技能、知识、能力等组成，包含多个要素、多个层次。图书馆馆员是图书馆的重要组成部分，图书馆要想获得良好发展，必须从整体上提高馆员的素质。

（一）综合素质

馆员专业素质包括深厚的图书馆理论知识和过硬的专业技能。馆员必须训练自己在信息获取方面的能力，能将各类信息进行整合与重组，提供新的工作思路和方法。图书馆的工作人员要发展成一专多能的高级应用型人才。除了要具备图书馆领域的知识和技能，馆员还要了解相关领域的知识，不断扩充自身的知识结构，实现由专业人才向复合型人才的转变。馆员要具备以下几种知识和技能：

（1）图书情报学的专业知识和技术。图书情报专业以图书馆学、情报学、目录学、计算机学、统计学等多个学科的理论为基础，馆员必须掌握这些学科的知识与理论，这是对馆员的一项基本要求。只有掌握这些知识和技能，馆员才满足数字化图书馆的建设要求，保证各环节的工作顺利完成。

（2）熟悉与图书馆学相关的学科知识。在信息化社会，馆员必须达到一定的要求，才能经得住图书馆各项工作的考验。由于交叉学科和新的学科越来越多，这要求图书馆的工作人员要有广阔的知识面。

（3）掌握外语知识。网络化和世界一体化的发展，使读者需要的信息不再仅限于中文，可能涉及多种语言，馆员如果不具备外语知识，就无法明确读者的具体需求，也就没有办法提供相关的资讯和服务。读者通过阅读外文文献获取所需信息成为当前读者获得有效资料的基本渠道，而馆员是信息交流与传播的中介，必须要有一定的外语水平，至少要能熟练掌握一种或两种外语，可以胜任外文资料编译工作，为读者提供外语信息及文献服务。

（4）熟练使用计算机。现阶段的图书馆除提供书籍资料的借阅服务和面对面的服务之外，还利用计算机搭建了网络服务平台，提供各类新的网络化服务和远程服务。计算机技术是图书馆工作人员必须掌握的基本技术，是其在现代化图书馆开展服务的一项基本技能。

（二）人文素质

馆员作为公共文化机构的工作者首先要具备一定的人文素养，要具备人文精神，具有正确的价值观。良好的职业道德能为馆员的工作指引方向，馆员应热爱工作，具有敬业精神和进取精神，坚持服务第一、读者至上的工作理念，要有无私奉献的精神。

馆员的人文素质和科技素质是有机结合、相互作用的。坚定的意志、强烈的责任心、极强的事业心往往能不断激发馆员的潜能，并且能促进其技术水平和业务能力的提升。良好的协作能力能帮助馆员顺利开展工作。知识经济时代，还需要馆员有一定的抗压能力。社会竞争日益激烈，馆员在工作中可能会遇到种种困难，要承受不小的心理压力，如果心理素质不过关，就很难克服工作中的困难。

在工作实践中，馆员的服务态度要主动、积极，全身心投入服务工作，为读者寻找合适的资源，同时也使有价值的资源匹配到合适的读者，通过实践实现图书馆的社会价值，履行传播优秀文化的使命。

（三）终身学习的能力

网络的全面普及使信息传播的模式和渠道发生了颠覆性的变化，知识传播的速度大大加快，信息总量庞大，人们在选择信息时无从下手。知识经济时代，一个人只有通过学习不断掌握新的理论和实践技能，才能不断成长，适应时代的快速发展。馆员的终身学习能力具体体现为：①不断更新自己的专业知识，②不断学习新知识，③能够综合运用各学科知识和理论的能力，④能够进行深入、系统的研究。馆员要关注图书馆领域的最新发展成果，深入研究图书馆管理与运行的学问，争取在本专业的研究中取得一定的成果。

二、图书馆工作人员应有的基本能力

（一）扎实的专业知识与广博的学科知识

现代图书馆引入了很多新的技术手段和网络化设备，打破了以往图书馆单独运作的模式，也不再仅为某些固定的读者或群体提供服务，而是作为一个开放的网络中的节点，不再受空间位置的限制。这意味着图书馆馆员不仅要对到馆的读者提供服务，还要向网络中寻求信息服务的读者提供相应的帮助。馆员接触的资源涉及古今中外，涵盖各个时期、各种学科的知识，还要面对随科学技术发展而产生一些新学科。这时，具有单一技能的专门人才难以满足社会发展的需要。由于服务环境的巨大变化，现代图书馆对人才素质的要求已不同于传统图书馆。

传统的工作模式下，图书馆工作人员的主要任务是整理馆藏资料、帮助读者查找资料，在读者寻找文献的过程中发挥辅助性作用。与此前相比，现阶段图书馆对馆员有了更高要求。对馆员的工作进行评价时，除了看他为读者提供的服务，还要看他为广大用户解决了多少实际问题。馆员要高效帮助读者解决问题，就需要依靠自身的专业技能。馆员要具备图书馆学与情报学方面的专业理论，专业技能必须过关，这样才能分析读者需要，对馆内收集的资料进行整理和加工，及时发现问题并有效解决。

（二）要有较高的信息素养

工作人员的信息素养直接影响图书馆服务的质量。信息素养包括信息意识与能力。

所谓信息意识，即对信息有非常敏锐的感受能力，能够从日常事物和社会现象中捕捉并发掘有价值的信息。只有当馆员形成信息意识的时候，才有能力从大量的信息中筛选出真正有价值的内容，从大众习以为常、不重视的资源中选取有利用价值的部分。信息意识一旦形成，馆员在信息利用方面的素质也会逐渐强化。

信息能力包括从信息获取到信息处理、分类、传递等各个方面的实际能力。在整个信息资源传输网络当中，图书馆是一个枢纽，工作人员肩负着信息选择、处理、归类、分编等任务，要为读者提供引导和咨询等服务。馆员要通过信息搜集能力和开发能力来锻炼和培养信息素质。

（三）具一定的外语水平

我国的大多数图书馆都接入了国际互联网。由于目前网络中的信息包括多种语言，要想及时获取各领域最新的资料和信息，首先需要突破语言的障碍。要有效开发和利用网上资源，图书馆工作人员必须掌握一定的外语知识。

（四）熟练应用网络和通信技术的能力

由于图书馆引入了各种自动化设备，并推出了网络化平台，使信息资源的应用形式和呈现形式具有网络化、数字化的特点，工作人员要凭借通信技术和计算机技术，才能实现信息获取、传递、处理和分析等，才能适应图书馆发展的需要，使图书馆在信息时代充分发挥作用。馆员要掌握信息技术并将其运用在实践中。

（五）信息评价方面的能力

信息技术和网络的结合为人们获取信息提供了便利，只要有计算机和网络，就可以迅速查找各种文献。图书馆工作人员的角色也随之发生变化，成为读者获取信息过程中的指引者。网络中的信息是分散的、无序的，有效信息大都与无效信息交织在一起。要把这些纷繁、庞杂的信息通过系统化的整合处理成可被用户直接使用的信息，就要对这些信息实行增值处理。此外，馆员还要思考怎样才能有效提升资源检索的准确性，这需要馆员通过信息评价才能实现。馆员运用专业能力分辨信息，准确选择那些有价值的内容。然后还要对资源进行深入分析，避免有效信息流失，通过整理和分类使信息具有系统性且便于传递和共享，为用户的查询和检索提供方便。

（六）出色的信息导航能力

网络时代的信息量增长速度是很快的，如果信息检索过程中缺少导航服务，读者要查找到目标文献就会非常困难。目前，读者对于文献的质量和易用性也有了更高的要求，同时也更强调信息的及时性。图书馆只有通过提升信息管理的科学性，才能达到读者日益提高的资源需求标准。以前那种被动、一般性的图书馆服务观念已经和当前图书馆现代化建设的要求不相符，只有增强服务的主动性，主动提供现代化特色服务，才能保证图书馆工作的质量。这要求馆员主动承担组织和编选信息资源的任务，在信息导航中充分发挥作用。

（七）团队协作的意识

团队意识是促进图书馆事业持续发展的动力，是各部门团结协作、落实各项方针的保证。团队意识是集体形成凝聚力和向心力关键，能够增强工作队伍的集体荣誉感，激励个体顽强拼搏。团队意识影响着馆风，它对工作人员在工作中发挥主观能动性有直接影响。一个有较强团队意识强的馆员队伍，经得起任何困难的考验，可以出色地完成图书馆的任务。团队意识的建立不能急于求成，需要通过有目的的教育和培养逐渐强化。图书馆要将团队意识的养成和强化作为一项系统化的工作。

（八）良好的组织协调能力

图书馆通过给读者提供所需服务来实现自身价值，图书馆工作实际上是人际沟通与组织协调的过程。当前现代化程度极高的图书馆是整个社会信息体系的一个分支，与社会各领域都有一定的关联。一方面，馆员具有出色的协调组织能力，能与读者顺利沟通，及时明确读者的到馆目的和具体需要。通过有效沟通能够迅速解决实际问题。另一方面，良好的协调能力有利于工作队伍的团结与稳定，使同事之间的关系更加和谐。馆员要学习心理学和公共关系方面的知识，有较好的语言表达能力，通过语言表达体现亲和力，拉近与读者的距离。

（九）良好的心理素质和身体素质

图书馆工作包括脑力劳动和体力劳动，馆员要有良好的体魄，心理素质也要过关。这样才能完成图书馆在现代化建设当中的建设任务和管理任务。图书馆员的工作内容是比较枯燥的，常常机械化重复某一工作，容易产生倦怠心理，如果不能及时调整，就会造成心理问题。因此，要求馆员能够随时进行心理调节，及时疏导自己的情绪，保持身心健康，形成积极向上的工作态度。

第三节　图书馆馆员与读者

一、馆员与读者之间相处的基本原则

（一）平等原则

这是馆员、读者要遵循的一个基本的原则。无论是馆员，还是读者，他们在人格上都是平等的，这种平等无关于社会地位、职业属性、年龄、贫富等。就馆员而言，要对所有读者一视同仁，为读者提供同等质量的服务，以友善、积极的态度为读者提供指导和帮助。读者在图书馆中的权利是平等的，他们平等享有以下权力：获得读者资格、进行阅读和资料查询、隐私不受侵犯、对图书馆所做的工作进行评价、参与图书馆的管理、对图书馆提出个人建议、监督图书馆管理等。

（二）宽容原则

馆员不能用个人标准去评价读者的言行，个体受性格、生活环境及个人经历等因素的影响而存在差异，要接受并尊重个体的差异性。馆员在和读者接触的过程中不能按自己的标准要求读者，要想建立和谐的关系，必须互相谅解，有广阔的胸襟。馆员要遵循宽容的原则处理与读者的关系：①当馆员和读者出现矛盾时，馆员要正视矛盾并妥善处理。②要听取读者的意见，能够接受批评。③正视工作中的挫折和难题，要经得住困难的考验。馆员在工作中要对自己有严格要求，控制好情绪，避免在与读者沟通的过程中出现情绪失控的现象。

（三）互相尊重的原则

每个人都希望受到尊重，这是个人一项基本的心理需求。馆员在工作中

要给予读者尊重，同时读者也要尊重馆员的工作。除了要尊重彼此的人格、爱好、兴趣、隐私之外，更要尊重人与人之间的差别，不让对方感到冒犯，避免产生戒备心理，影响正常交流。

（四）换位思考的原则

如果馆员在工作中根据自己的主观判断与人相处，难免会引发一些误解。只有换位思考才能有效避免偏见与误解，促进彼此的认同与理解。馆员要学会从读者角度思考问题，这样能够了解读者的处境，明白读者的想法，才能发现问题并提出有效的解决措施。多为读者着想才能理解读者，进而明确问题出在什么地方，通过恰当的方式解决问题。读者也要多谅解馆员，不要因为一点不愉快就将责任推给馆员，动辄投诉。只要经常换位思考，多从对方的层面想问题，就能减少误解，使双方的关系更和谐。

（五）及时沟通原则

只有通过沟通，才能促进彼此的了解，馆员要想实现和读者的有效沟通，除了要锻炼自己的沟通能力之外，还要具备一定技巧，在不同的场合、面对不同的对象，要采用不同的沟通方式。培养沟通技巧可从两方面进行：①要了解传递信息所用的技巧；②要掌握接受信息的技巧。在沟通时要明白怎样的信息是有效的，还要恰当使用相应的符号以强化沟通效果。此外，沟通还需借助有效媒介，更要注重反馈环节。

二、馆员与读者冲突的处理

馆员和读者在接触的过程中不可避免会产生矛盾和摩擦，这主要是因为二者的角色不同，对于图书馆的各项规定和制度的理解存在差异，加上信息不对等、个人知识素养和个性等方面的因素共同导致的。当读者与馆员出现冲突或矛盾时，馆方绝对不能采取回避的方式置之不理，这样只会使二者的关系进一步恶化。图书馆必须采取有效的解决措施，应通过培训和教育增强馆员处理偶发事件的能力，也要强化读者教育，避免各种不规范行为和不良借阅现象,使他们主动按照馆方的要求规范自己的行为,成为文明读者。

(一)处理读者间冲突的方案

完善图书阅览室的用户使用制度,倡导文明阅读,从根源上避免由读者的不良行为引发的矛盾和冲突。例如,通过制度明确规定禁止占座;读者阅览时每次正能取一本书,阅览结束要放回原位;在阅览室禁止喧哗,要保持安静,不能打扰他人;借书或还书要自觉排队,有序借还等。

当读者之间有冲突的时候,工作人员可采取下面三种方法解决:

(1)回避。这种方法仅限于不太激烈的冲突。发生冲突时,工作人员可进行消极处理,直接无视冲突双方的存在。等双方慢慢冷静下来自己结束冲突或解除误会。采用这一对策的前提是冲突没有危及其他读者,对图书馆的利益没造成损害。虽然出现不太严重的读者冲突时工作人员可以直接忽视,但是通常还是要积极主动的帮助读者处理矛盾,尽快消除冲突。

(2)通过调解来解决问题。读者间发生冲突,大多是由于沟通不足导致误会,双方基本不会因触及根本利益而产生冲突。因此,通过调解可以有效处理冲突。首先要让冲突双方冷静下来,工作人员先询问出现分歧的原因,明辨是非之后找出解决方法,确定一个让双方都能满意的处理方案。面对面沟通如果顺利,就能够使双方相互理解,消除矛盾。大部分矛盾都是一些小误会、小摩擦引发的,有效的协调沟通能快速化解矛盾。

(3)教育。通过有效的教育使双方明白各类冲突造成的负面影响。纠正他们的思想与行为。让双方顾全大局,互相宽容一些,不要为了鸡毛蒜皮的小事闹得不愉快,要多为其他读者考虑。

(二)解决读者、工作人员之间冲突的方案

避免工作人员和读者产生冲突,关键要规范工作人员的岗位行为,使其形成服务读者的思想,能够换位思考,不断改进服务的态度,提升服务水准,要尊重读者,在工作中秉持以人为本的理念。当读者同工作人员发生冲突时,可以通过下列三种措施来解决:

(1)控制音量。避免冲突要从细节着手。工作人员讲话的声音太小,读者可能会因听不清而抱怨；但声音大，可能会被投诉服务态度差。馆员讲话时，音量要控制在读者能听清的分贝范围内，还要注意说话的语气和语调要尽量平和、亲切。

（2）及时换人。一旦读者和某一个工作人员起了冲突，应及时换人。及时更换人员并不表示图书馆将过错归咎于馆员；对于读者而言，冲突发生的时候，读者已经无意识地将问题的焦点放到了为他提供服务的工作人员身上，把工作人员视为"对头"。因此，及时更换人员后，读者的个人情绪会随着接触对象的变化逐渐松懈下来，慢慢冷静下来，这样有助于解决矛盾。

（3）做好预防措施。为了避免发生冲突，图书馆应做充分的预防措施：①合理设置服务柜台的高度，拉近工作人员和读者间的距离；②打造良好的馆舍环境；③设置休息座椅；④设置读者意见箱以了解读者的不满，并及时采取措施改正不足之处。

三、处理读者投诉的有效方法

如果读者的投诉得到了妥善处理，就能发现工作中存在的不足，进而采取措施进行改正和完善，也能改善馆员和读者的关系。图书馆可以通过读者投诉发现服务的不足之处，读者要通过有效的渠道将意见传达给馆方。图书馆要通过正视和接受读者投诉，让读者感受图书馆真诚的服务态度，读者才会主动表达不满。图书馆应针对读者投诉建立有效制度，引导、鼓励读者提出意见。当收到投诉时，要妥善地处理，化解矛盾，从中吸取教训并总结经验，根据投诉完善馆内设施和规章制度，达到令读者满意的程度，使图书馆与读者的关系更加密切，在用户心中树立起良好的形象。

（1）尽量避免投诉人与被投诉人的正面接触，由被投诉者上一级领导或更高层的馆领导来处理读者的投诉。这种处理方式会让读者感到图书馆对自己是重视和尊重的。馆方领导要积极热情地接待，不要持对抗情绪和读者接触。大部分读者来投诉的主要目的是解决问题，而投诉时情绪激动也是在所难免的。在处理投诉的时，要多站在读者角度想问题，服务好每一位读者，赢得读者的信任，这样能使问题有效解决。

（2）倾听并做记录，诚恳地向读者道歉。认真听取读者投诉，要有耐心，心态要平和，不要打断读者，也不要情绪激动地反驳，通过沟通了解读者进行投诉的原因。为表示对问题的重视，必要时要进行记录。通常读者投诉是希望馆方了解他们的切身感受，寻求一种心理平衡，最终找到对问题负责的人并明确出现问题的原因。道歉是补救投诉问题的第一步，这是比较浅层的服务失误解决策略。通过解释和道歉表示对读者的尊重，同时也能重新获得读者的信任。

（3）及时处理投诉，有效解决问题。读者提出投诉后往往希望馆方尽快解决问题，解释、道歉并不是最终的解决方式。因此，图书馆应迅速反应，及时解决读者反映的问题，这样能取得较好的补救效果。一般读者投诉前对于问题的解决方法会有期望，图书馆受理时要了解读者希望采取的处置方式等信息，这样能使问题的解决更有针对性。明确读者的需求以后，要通过协商的方式提出双方都能接受的处理方案，最终的处理结果要尽量让读者感到满意。实际上，图书馆不能完全根据读者的意愿来解决问题，当读者的要求超出了图书馆的服务范围，图书馆完全有理由拒绝读者的要求，只不过要注意拒绝的技巧和方法，要通过解释争取读者的理解。

（4）给读者明确的答复。双方经过协商后，图书馆要告知读者解决的结果，给读者一个最终答复。这体现了图书馆负责、认真的工作态度。在这一环节，图书馆要肯定并感谢读者提出的问题，对他们的信任表示谢意，并进一步征询读者的建议，以促进图书馆后续工作的提升与改进。

（5）定期组织工作人员对读者作回访。当投诉的问题得到解决以后，图书馆还要通过跟踪回访来验证处理效果，这是对读者负责的表现。解决完读者所投诉的问题之后，馆方应通过电子邮件或电话进行回访，听取读者的反馈，进一步挖掘读者的实际需求，以便提供更全面的服务。这是图书馆和读者建立信任的关键环节，有利于形成融洽的关系，进一步让读者满意。

第六章　图书馆读者管理的体系

第一节　读者管理原则

阮冈纳赞在 1931 年提出的"图书馆学五定律",集中体现了读者至上、以人为本的思想。图书馆基本的工作理念就是读者至上,同时这也是图书馆实践的最高目标。进行读者管理主要是为了有效服务,管理是通过服务体现的,读者管理要遵循六大主要原则。

一、为读者提供方便的原则

"方便读者"具体表现为:尽可能为读者提供方便,所有工作都要先考虑读者,充分满足读者需求。图书馆制度要便于读者理解,组织信息资源时要采用最便于读者使用的形式,还要通过各种设施提升使用资源的便捷性,采用的服务方式要便于读者接受。

二、尊重读者原则

尊重读者首先要尊重其自由选择、平等获得信息资源的权利。其次,还要尊重读者的人格,服务要真诚,态度要友善。除通过服务过程中的语言和行动体现对读者的尊重,更重要的是要对每一位读者的需求持尊重的态度。无论读者是出于研究的目的还是出于休闲的目的,只要其进入图书馆,馆方的工作人员都要尽量满足读者的资源需要,为其及时提供周到的服务。另外,还要从读者心理需求的角度出发，为读者打造舒适、安静的环境，营造良好的求知氛围。

三、自律原则

自律是行为主体对自己的管理和约束，在无人监督时通过自我约束主动规范自己的行为。自律不是用规章制度限制自己的行为，而是通过自律的行动使活动秩序井然，让自身的学习与生活通过自我约束得到更多自由。图书馆对于读者制定的管理制度约束力较强，根本目的是激发人的内在驱动力和潜能，使制度要求和管理目标逐渐内化为读者个人的自觉意识与行为，实现从被动约束到主动自律的转变。有效的管理并不是通过强硬的语言和僵硬的处罚条款达到控制秩序的目的，而是在互相尊重、人人平等的基础上合理设置管理目标，使读者认同并自觉遵守管理制度，实现自我约束和自我管理。

四、导向性原则

领导是一种管理方式，其主要特征为导向性，主要功能是引导组织和团体有序运转。导向性体现在图书馆的领导为实现工作目标而进行的预测、规划、引导、组织和协调的所有工作环节。读者到馆获取所需信息资源是主要的目的，但并非唯一的目的。图书馆的管理者应注重馆内文化氛围的营造，使本馆通过环境和氛围感染读者，引导读者利用馆内资源和服务。

图书馆的读者管理不能仅限于预防或控制读者的错误行为、避免影响其他读者或图书馆的利益，而是要通过积极的方式引导读者不断提升自身的精神层次，有效利用图书馆服务来满足自己的精神文化需求。

五、平等原则

任何读者都有权力公正、平等地获得图书馆文献信息，这是平等原则的具体体现，很多国家通过相关法律明确了这一基本原则，通过法律保护读者的合法权益。具体而言，平等包括读者和馆员的平等以及读者之间的平等。

六、依靠读者的原则

我国的图书馆管理办法及工作条例都明确表示：读者有权力针对图书馆工作提出批评及建议。这一原则的提出基于读者在图书馆工作中所处的地位。读者在图书馆系统中处于主体地位，馆内的所有工作都体现了服务读者、依靠读者的理念。除了接受读者的批评和建议，还要赋予读者其他的权利，让读者能够参与图书馆工作的全部流程。这对于图书馆建设和发展具有一定的积极意义。

第二节　读者管理的具体内容

读者管理主要是为了保证广大读者对于文献的需求能得到充分满足，通过读者对各类资源的使用，让资源的价值得到发挥。具体来说，读者管理的内容包括四个方面：组织读者、读者研究、读者服务和读者指导。

一、组织读者

信息环境的变化使图书馆资源的结构、管理方法与服务所用模式都发生了改变，用户与图书馆的关系也随之改变。越来越多的读者通过网络查找资料，到馆阅读和查资料的次数大大减少，读者向网络平台迁移。这样的情况下，图书馆要想留住读者，避免资源大量闲置，就要通过有效地组织读者来实现。

图书馆对读者进行管理的第一个环节是读者管理，通过这一环节开始落实各项管理任务，具体任务有：发展读者群体、读者类型区分、将读者集中起来组织活动。

二、读者研究

读者研究主要的任务是研究读者在阅读活动中表现出的规律，如各层次读者需要的文献和读物资源、阅读活动的目的、阅读的特点和规律。读者研究可从两个方面进行：①宏观角度，主要研究读者的需求，总结各类读者的需求呈现出的特点与规律；②微观角度，研究读者进行阅读的动机和目的、阅读时的心理与具体行为、采用的阅读方法与对应的效果，以有针对性的满足读者需求。

三、读者服务

读者服务是指图书馆利用自身具有的所有馆藏及掌握的各类文献，综合运用多种方式为用户提供服务。图书馆工作通过服务的形式表现出来，也通过服务实现图书馆的社会职能，并完成工作目标，服务是图书馆呈现本馆活力和优势的途径。在读者的服务中，服务方式要不断更新和完善，服务范围需要逐渐扩大，服务项目要随读者需求的增加而增加，这样才能保证服务始终处于高水平。图书馆开展服务要着眼于读者需求，以藏书、设备和馆舍环境为基础开展工作，提供资源借阅、期刊阅览、电子阅览、纸质资料复制、检索咨询、新书推荐、主题文化教育等服务，形成类型全面、级别划分清晰的综合服务网络。另外，还要考虑读者在二次文献和三次文献方面的需要，协助读者选择合适的参考书籍，并帮助读者处理在资料查询和信息获取过程中遇到的难题。图书馆提供服务的具体方式，由本馆的馆社规模、属性和读者需求共同决定，会随着图书馆和读者的变化发展而动态变化，并不是固定的。

四、读者指导

读者指导体现了图书馆肩负的教育职能，主要通过阅读宣传、读者教育和培训来完成。

（一）阅读宣传

图书馆以阅读宣传的形式对本馆所有读者进行有效管理。阅读宣传可以促进图书馆的信息传递、文献流通，馆方也是通过阅读宣传来指导读者的。宣传是为了明确读者需要，向读者推广科学技术领域的最新成果、文学艺术方面的经典作品和新的优秀作品，将读者需要的读物以最高的效率呈现给读者，使图书馆资源得到充分利用。

（二）读者教育

图书馆本质上是教育辅助性质的文化机构，也是全民终身学习的主要场所。国内外的图书馆都肩负着同一种责任，即帮助读者有效使用图书馆中的文献，使读者利用这些资源服务于自身需求。读者有效利用图书馆不断实现自我提升，能够推动社会整体素质的提升。

（三）培训读者

读者对信息的需求带动图书馆持续发展。处在任何发展阶段的图书馆，都要掌握读者对于各类信息的需求，了解读者应用信息的能力，进而培训读者的信息检索能力和实际利用能力，让读者能有效利用馆中的所有资源。通过介绍资源种类和使用方法、推出主题文献、指导读者检索等方式培训读者的文献应用能力，还可以鼓励读者成为文献管理志愿者，提供写作指导，帮助读者进行论文投稿。此外，图书馆还可以针对数据库使用、新型软件的使用等进行视频演示，帮助读者了解具体使用方法。图书馆具有辅助社会教育的功能，其基本工作就是为用户提供具有一定价值的信息和文献，还要辅助读者的应用，引导读者遵守馆社的规定，让读者合理利用资源并有意识地爱护各项设施和资源，提升读者的整体素质，形成良好的文化氛围，保证信息资源有序、文明传播。对读者的培训是图书馆应履行的读者教育义务，也是读者的基本公共文化权利之一。

公共图书馆对于读者的管理还体现在制度上。以往，图书馆一般会制定可操作的合理制度，通过制度约束和管理读者。但大部分规定过于强硬，忽视了人性化管理。读者需要被尊重、被理解。图书馆不能一味强调刚性管理，还要注重制度的"人性化"，在了解读者特征之后，多与读者进行互动，通过制度与沟通的结合让读者管理更加有效、更加科学。

第三节 读者权利与义务

一、读者权利

图书馆读者享有法律所赋予的相关权利，可以无偿使用图书馆资源以获得知识和信息，有权使用馆中的软硬件设备，接受图书馆提供的指导。

（一）平等获得信息的权力

平等地获得信息是读者的一项基本权利。任何公民不分年龄、性别、家庭背景、文化水平、职业等，都有平等享受图书馆所有服务的基本权利。国际图联与联合国教科文组织一直为这一基本权利的全面实现而不断探索。

（二）免费享受服务的权力

人们可以无偿使用图书馆中的读物和基础设施，图书馆绝对不能通过任何理由向读者收费。图书馆必须免费提供这些基本服务，这也是图书馆领域的基本行为准则和工作理念。

（三）自主选择的权力

这项权力是指读者在图书馆利用文献的过程中，自主决定获取的信息内容和形式，而不受任何组织或个人的约束，在法律允许的范围内，不受任何道德或意识的干预。

（四）参与管理的权力

读者参与图书馆的管理，是图书馆实现民主管理的一个有效途径。因此，读者享有的参与管理的权力也被称作民主的参与权或管理权。

（五）隐私权

隐私权是个人信息受到保护的权利。网络的发展使个人隐私极易泄露，个人信息一旦被泄露很容易被人利用，进而危及个人的合法权益。图书馆必须严格按照法律要求保护读者的个人信息，绝对不能向任何组织或个人泄露读者信息，更不能利用读者信息进行商业活动。

二、读者的义务

（一）遵守规章制度

1. 严格遵守图书馆各项规章制度

图书馆通过健全的制度来维护和保障公众获取图书馆信息的公平性和公正性，使图书馆体系的资源利用更加合理，保证图书馆组织的稳定性及工作人员服务的高效性。遵守馆内的规章制度是读者必须履行的法定义务。

2. 遵守读者行为规范

读者利用图书馆中的各类资源时，要严格地按照相关要求和规定来规范自己的活动。我国的宪法中明确规定，公民有履行"遵守行为规范"的义务。因此，读者在行使自身权力的同时必须履行基本义务，绝对不能损害其他读者或图书馆的权益。

3. 守信用

不管从法律层面还是道德层面来说，守信用都是做人的一项基本要求。读者守信用是在使用文献资料和具体阅读实践中体现的，具体包括依照公共契约使用资源和设备，定期归还所借的图书，如果图书超期则要到服务台缴纳相关费用。

4. 恪守信息道德

狭义上的信息道德指与信息开发、传播、加工、分类、管理与使用等活动有关的要求、准则和规范，及以此为基础形成的新的道德要求。信息道德与伦理的判断标准是与信息时代的社会环境吻合的。客观上，网络世界的发展必须以信息道德体系为基础，所有人都必须遵守信息道德，按照这一行为准则规范自己的信息活动，这是虚拟的网络世界实现秩序化发展的有力保障。无论是在实体图书馆还是在网络平台，读者利用信息资源都要按照信息道德标准严格要求自己，这是读者应尽的义务。

（二）爱护和尊重

1. 爱护公共图书馆

读者对公共图书馆的爱护可通过三方面体现：对图书馆发展给予高度关注、爱惜资源和设施、为图书馆建设做力所能及的事情。关注图书馆主要表现为主动去了解图书馆的各项制度、整体资源情况和历年的发展情况。读者主动维护馆方的利益是爱护图书馆的表现，包括图书馆的社会形象、设备、资源、场馆环境等，发现他人有故意破坏馆内公共设施或资源的行为，要劝阻，发现问题要向馆方提出意见。读者为图书馆建设出力，参与馆社运营管理，对相关建设和服务给出自己的建议，在日常管理中发挥监督作用。

2. 尊重他人

在图书馆中，读者要尊重为自己提供服务的馆内工作者，也要尊重其他的读者。图书馆诸多构成要素之中，最有积极性、最有活力的要素是馆员。图书馆要实现其职能、落实工作、完成各项服务，都离不开馆员的实践活动。若馆员长期得不到尊重，就会产生职业倦怠，工作的积极性下降，失去创新的动力，最终必然会影响读者的利益。读者在享受文化权利时，需要考虑其他读者，绝对不能损害其他读者的利益，自己在利用资源时不能妨碍他人对资源的正常利用。

（三）合理利用馆内的资源

1. 合理利用资源

图书馆的工作宗旨是尽全力满足用户的信息需求，保证馆藏文献得到充分利用，其信息传播广泛且是无偿的，这就和《版权法》提出的"信息有偿性""限定性"等版权保护措施存在冲突。只有合理使用资源，才能避免这一冲突。

2. 合理使用各类设施和公共资源

图书馆的设施包括馆社建筑物和所有的设备。图书馆设施是公共财产，受刑法、宪法和物权法保护，读者必须合理使用各项设施及馆内公共财产，这是读者要履行的基本义务。

（四）文明使用图书馆

1. 要保持安静

大多数读者进入图书馆是为了学习或进行研究，因此需要相对安静的环境。安静的学习环境能让读者全身心投入阅读和思考活动，使阅读更加高效。读者进入阅览室要尽量避免发出噪音，保持安静，共同来维护阅览室的安静氛围。

2. 维护阅读环境

创造良好的馆舍环境能够有效提高服务的质量，这也是图书馆各项建设工作的重点。维护馆内环境也是读者应该做的，良好的环境只有依靠大家共同维护才能始终保持较好的状态。

3. 爱护图书馆的设施

现代图书馆中都配备了打印机、复印机等文件复制设备，通常读者可以自己操作。用户使用各类设备复制资料时，要避免不当操作给设备带来的损害，使用时要爱惜，如果自己不会操作也可以寻求馆员的帮助，避免误操作损坏设备。

第七章 图书馆读者教育

图书馆进行读者教育是为了帮助读者了解图书馆的所有收藏和服务，掌握搜集资料和利用资料的方法，进而提高读者对图书馆的认识，使其能够表达自己的文献需求，并学会使用各种检索工具和数据库，通过多种渠道获得文献和信息。这是一门全面而实用的综合性质的教育，是各图书馆利用存储的资源实现大众教育的重要任务，最终要让读者具备较强的信息意识和信息检索的能力，提高利用信息的能力。

第一节 关于读者教育的概述

一、读者教育的定义

目前，学界关于读者教育还没有形成统一定义。国内外的学者都从不同角度阐述了读者教育的定义。

瑞典的 N.菲埃乐勃兰特通过《图书馆用户教育》一书提到：读者学习的过程就是信息传播和交流的过程，其中包括与图书馆之间的互动，可以涉及中小学图书馆、公共图书馆、大学图书馆及单位图书馆。每次到图书馆，无论读者是否直接和工作人员产生接触，都会有正式或者非正式的信息交流，有一定教育价值。图书馆对读者的教育旨在最大限度地利用这一价值。阅读教育是图书馆工作目标的中心，也是有效利用资源的前提和基础。

缪斯的《读者教育》一书对"读者教育"的定义是：帮助读者有效利用

图书馆的一种教育。

刘松甫对读者教育的定义则是：广义上的读者教育指的是从事图书情报工作的单位针对正式读者和潜在读者的信息使用进行的教育和培训活动；狭义上来说，读者教育就是图书馆对其用户提供的教育。很多人把读者教育等同于读者培训，实际上二者是两个不同的概念，通过具体组织形式可以区分：读者教育是定期开展的服务，组织时需要全面规划，制定一系列系统计划；读者培训的时间较短，没有系统计划，通常是零星开展某些指导。

《图书馆学情报学词典》把读者教育具体分为两种，即读者教育和用户教育。读者教育是图书馆为了让用户有效利用各种馆藏而组织开展的一种服务实践。

《图书情报词典》只有"用户教育"这一条目，定义是：通过计划和组织，有条理地指导用户的信息活动。

麦群忠在其编著的《读者服务指南》中对读者教育的定义是：有目的、有组织的图书馆可以帮助读者引起注意，并充分利用图书馆，学会如何收集信息以及有关的文件。

苏国荣的阐述是：图书馆教育是指导学生使用图书馆的各种活动。包括图书馆环境的介绍，明确图书馆具有的作用并为学生提供有效的指导，在学生查找书刊或书目的时候提供帮助。

郑雪玫和曾淑贤提出：所谓读者教育，指的是图书馆利用整套的培训计划或教学方法，指导读者理解图书馆的服务，了解馆藏的性质和位置以及学习方法，掌握在参考书中快速查找信息的方法，并会使用、参考。读者教育目的是让读者学会使用图书馆和其中的资源，有能力满足自己的信息需求。

对上述论述进行概括，读者教育是由图书馆及其他的文化教育机构所提供的，培养读者使用信息的能力，这也称为读者信息教育。图书馆的读者教育是一项非常重要的常规性的读者工作，这种教育具有实用性和综合性，有利于图书馆资源的开发和利用。通过组织针对性的特殊培训行动，指导读者用不同方法访问文档信息或查找信息，使服务更加有效率。

二、读者教育的实际意义

（一）提高资源利用率

实施读者教育，向读者普及当下常用的文献收集方式，可以让读者进一步了解图书馆工作，激发读者潜在需求，使读者有兴趣到图书馆学习，为了吸引更多读者，使馆藏文献找到对应的读者，避免出现大量文献和书籍闲置的情况，让图书馆事业的发展实现良性循环。读者群体在逐渐扩大，这证明公众对于图书馆仍旧有很大需求，政府及社会各界将会大力支持图书馆的建设，图书馆的运营将更加有效。

（二）提升读者信息素养和学习能力

信息社会的知识和信息更新加速，个人获取、处理和使用信息的实际能力是发展个人综合能力的关键因素，这取决于他不断地将文学信息用于自学和自我教育的能力。笛卡尔说：掌握获得知识的方法是一种最有价值的知识，当读者查找文件资料的时候，图书馆在必要的情况下要提供相应的指导，帮助读者进行资源选择和信息价值估计，选出最合适的资料，引导读者科学阅读，形成好习惯，鼓励读者持续学习，培养学习习惯，为社会输送人才。

（三）给读者释放知识宝藏的钥匙

世界正处于"爆炸性信息"之中，文学和信息的海洋是巨大的。教读者使用各种工具，掌握文档编制方法和技术，使读者对信息和可用性具有相应的认识，读者系统掌握某一主题的知识，可以实现信息资源的最大价值。

（四）挖掘文献信息的社会和经济效益

收集、整合文献信息并进行集中管理的目的是进一步挖掘其价值，并实现文献信息的实用性。图书馆教读者如何使用各种工具和应用程序检索信息，以便他们可以收集、分析理论知识，以解决在工作、学习、生活等方面的现实问题，而最终的目标是获取知识以服务于社会。

（五）促进文字信息资源的开发和利用

当然，在向读者传播图书馆文献信息时，向读者提供文档是图书馆的主要任务之一，但这并不是图书馆的全部工作。图书馆档案的精确发展，例如特殊服务的发展、摘要和文件的汇编以及对读者和用户的评论和信息的撰写，可以凸显图书馆在当今信息社会中的价值。以上工作需要读者的参与才能进行。通过读者培训让读者更加了解图书馆各项功能，图书馆信息库中大量的信息将会被广泛利用。

（六）满足图书馆发展的需要

现代图书馆的服务范围和服务项目大大拓展，已是社会中的信息资源中心。以前的图书馆的主要功能是收藏书刊，当前的图书馆除了具备这一基本功能外，还提供电子资源和网络资源，具有多媒体平台和数字化资源库。以往的图书馆服务范围有限，现在有了网络的助力可以提供远程服务。单个的图书馆在网络中联合起来，信息资源趋向虚拟化和数字化，网络成为主要传播渠道，管理工作逐渐实现自动化，服务范围打破了地域限制，逐步全球化。图书馆发展快、变化大，很多读者面对馆中的新设备和新系统不知道怎样使用。图书馆一一解答用户疑问，教给用户新系统和新设备的使用方法，是很难实现的。这一任务需要通过集中的读者教育才能完成。同时还要强化阅读教育，让读者认识、了解现代图书馆，不会因为种种变化和升级产生畏惧心理。图书馆正在践行现代化融合发展的规划，资源、设备、建筑物是其发展的硬件。此外，还要借助读者教育这一"软件"，软硬件结合，共同推进图书馆的现代化建设，为其向前发展持续提供动力。

（七）社会的需要

21世纪是知识经济时代，知识更新速度非常快，高新技术的快速工业化，软件产品比重和无形资产比重的显著增加。科学技术，尤其是以信息技术为主的一些高新技术成为拉动经济增长的主要动力。这将影响我们当前的生产方式、生活方式和思维方式，包括教育、经济管理和决策领导能力等，都会产生很大的影响。

如果读者想有效开发和应用信息，就必须能够了解有关信息资源的分布，了解与文学有关的信息网络的分布以及在线文学信息源的范围，便于使用相应的信息，让信息需求与信息有效对接。由于新技术的应用逐渐普遍，图书馆必然要组织读者进行培训。针对不同读者的培训信息也大不相同，图书馆应根据不同层次的读者开展有针对性的培训活动，以逐步提高用户群体的信息能力。

第二节　读者教育的原则与方法

一、基本的原则

读者教育是图书馆服务实践的一项主要工作。做好读者教育，使读者能全面认识和有效使用图书馆，发挥文献资源的实际效用。为保证读者教育取得理想效果，必须按照相应原则进行。

（一）计划性原则

读者教育讲究系统性，需要制定长期计划，组织相关工作也要注重连续性和衔接性，避免工作衔接不畅。图书馆要按照实际的情况和读者的数量制定教育计划，在落实的时候要按照计划推进。工作开展要围绕计划提出的目标，还要及时跟进读者的反馈情况，根据反馈对计划进行调整。

（二）广泛性原则

图书馆是社会教育机构，社会教育是其重要职能，这一职能的发挥能够提高全民的文化水平与综合素质。因此，图书馆开展的读者教育应该面向全体社会公众。在开展活动时，除了要组织本馆经过身份注册的正式读者，还应将潜在读者作为重要的教育对象，将这一部分人慢慢转化为正式读者。

（三）针对性原则

图书馆读者教育的对象是具体的用户，不同类型的图书馆的用户群体具有不同特征，而同一类型图书馆的读者也存在很明显的差异。受年龄、性别、学历等影响，读者学习能力和使用信息的能力不同。读者教育采用的方法、步骤及具体内容，不仅受当前技术水平的影响，而且也会受地域、图书馆类型和读者的个人素质等多重因素影响。因此，在开展具体的读者教育时，除结合馆舍条件之外，还要考虑本馆的组织能力和读者个人的水平、需求等。按照教育计划划分高阶读者和渐进读者，从读者类型出发来选定活动方式和教育内容，这样能让读者教育收到较好的效果。

（四）灵活性原则

开展读者的教育可采用多种方式，具体方法也是多样的，最终的教育途径和教育方式还要根据参与的读者人数、读者文化层次，以及大部分读者获得信息的平台等因素来选择。可以选用单一的方法，也可以将几种方法进行组合。方法灵活，教育效果也就理想。

（五）循序渐进的系统性原则

在安排与读者教育有关内容的时候，应以图书馆学的学科体系为基础，让读者掌握的能力和知识系统化，教育的实施要按阶段逐层推进，从容易到困难，读者从中获得的知识会更扎实。

二、读者教育的方式

图书馆读者教育有很多方法。每个图书馆在吸引读者时都应考虑主观和客观情况，要有目的性、关联性及系统化的特点，具体的方法分为如下几种。

（一）教学法

图书馆主要采用授课的方式进行读者教育，这是目前读者教育中应用最广泛的一种教学方式。因为教学在达到传授知识的目的同时，对听觉和视觉有双重影响，能达到很好的教学效果，使读者可在短时间内获得系统的图书馆知识和信息，提高获取信息的能力，从而根据读者的课程和要求达到阅读指导的基本目标。

授课法是一种重要的读者教育方法，但是作为一种被动的教学方法，不利于培养读者的信息观念和实践能力。因此，如果仅使用文档检索和利用之类的教学方法很难实现教育目标。必须结合其他教学方法，引导读者参与特殊实践，亲自应用，这会取得事半功倍的效果。

（二）个体教育法

这是图书馆最早使用的比较传统的教学方法，当少数读者使用图书馆资源的时候遇到困难是可以解决的，发挥着非常重要的作用。但是，这种形式缺乏系统性，无法让读者获得更多的高级知识。

（三）视听结合法

近年来，在图书馆研究中，诸如电影、视频、录像带、磁带和唱片之类的媒介已变得越来越普遍。INFUS 在 1982 年出版了《用户教育视听教学方法：注视目录》，为这读者教育领域提供了新的资料。它使用起来非常灵活，既可在小组教学中应用（为课程或讲习作补充，用于读者个体辅导，为馆员备课提供依据，支持重复放映），也可随时使用。无论是否有专业的工作人员指导，读者都可使用。幻灯片放映起来比较方便，收藏也很便利，讲课者在教学中可以根据课程进度控制播放速度，学生自己独立使用幻灯片时也可以自己掌握播放的速度。

（四）信息资料法

将资料印刷成纸质版本发放给读者，是向不能参加现场培训的读者提供的一种教育形式。这种教育形式在图书馆阅读教育中具有明显的补充和辅助作用。材料的内容可以是浅显的、部分的或系统的。但是，这种类型的内容非常普遍，无法根据每个阅读者的特征进行改变，并且该方法取决于读者的阅读兴趣和阅读能力，由于部分读者存在一些阅读问题，因此不容易达到预期的效果，读者自身原因和不适当的设计都对教育效果有一定的影响。

（五）使用网络多媒体

通过使用网络交互功能，可以使图书馆读者根据自身的情况合理安排学习时间，从而减少人力投入，使教学效果有了明显提升。

图书馆读者教育可以使用网络来了解研究材料的最新内容，然后添加和更新讲座内容，网络上有许多信息收集工具，可以轻松、及时地找到读者所需的信息。读者可以在线下载新信息，许多传统的在线出版物也可以弥补本地讲座或图书资源的不足。如果原书进行装配，不仅昂贵、携带不便，而且阅读时查找内容不便捷。使用在线出版物可以方便图书馆读者，读者不仅可以学习如何探索检索方法，而且还可以了解国内外参考书的最新发展。通过这种方式，读者可以通过寻找相关资料更好地了解文学和电子文学知识，从而为下一步的研究创造良好的条件。

第三节　读者教育的内容与层次

一、读者教育的内容

读者教育指的是图书馆及情报部门帮助潜在用户和实际用户使用数据获取知识，目的是提高用户对数据的认知、掌握信息获取能力与方法，使每个图书馆用户具备较强的信息素质，能够独立、及时、准确地找到所需要的信息，使他们从文献资源中获得最大收益。读者教育的主要内容包括以下几个方面。

（一）文献部门基本问题研究

文献信息研究的基本要求是有重要的材料。首先应提供阅读指向，目的是使读者了解该地区主要档案信息机构的分布以及图书馆的特点和服务范围，以便读者可以尽快使用这些机构内的文献内容。

（二）基础理论和文献信息基础知识的教育

与国外相比，我国信息资源的利用率很低。原因是我国的信息服务系统不够完善，人力资源和文化服务部门相对不足。最重要的原因是人们的信息意识太弱，提高公众对信息的认识是开发和利用信息资源的关键，也是加快我国经济发展的重要任务。因此，有必要对读者进行基础理论、基础知识和文学信息功能的教育，使读者认识到信息普遍存在于社会生活的各个方面，它关系到科学技术的发展和经济的发展，在科学研究和个人知识的增值中起着重要作用。这些内容是为了激发读者对信息的需求并提高读者对信息的意识。

（三）文献链接利用

人们使用文档交换其中包含的信息。当人们吸收可用信息并结合自己的职业来理解和改变社会与自然时，他们可以学习新的知识并创造新的结果。因此，人们与文献的接触是使用文献的先决条件，而使用文献是获取文献的目的。如何利用文献也是读者教育的重要内容之一。有必要向读者介绍文献信息的选择、收集、分类和登记的方法，并对文献信息和科学作品的分析与研究。

（四）如何进行图书馆教育

图书馆教育是对读者进行的图书馆使用的基本知识和技能的培训。受众通常是新读者，培训的目的是使读者了解图书馆，并了解图书馆文件和资源的分发和组织性能。系统了解图书馆服务的内容和形式，以更好地利用图书馆。一项标准的图书馆培训包括三个部分：①图书馆的介绍，例如业务部门，包括每个部门的程序和规章制度。②图书馆资源的介绍。在大量的数据库资源中，读者经常用的是一些使用便捷的资源。许多读者不了解图书馆的文献数据，只能使用图书馆资源的一小部分，无法满足自己的需求。因此，读者教育应注意单位的宣传工作，显示馆藏数据并提高图书馆的知名度；③介绍和宣传图书馆服务的内容和形式，随着参考咨询工作的深入开展，图书馆提供的内容越来越多，图书馆应让读者了解这些服务，相信参考咨询员的能力。

（五）信息资源检索原则、方法和程序

收集信息的方法有很多，但是在现阶段，对于大多数人而言，最普遍和重要的方法是从文献中收集信息。这就要求人们必须掌握文献信息学的原理，知道检索和获取文献的方法和工具。因此，有必要向读者介绍文档检索的基本原理和基本技巧，介绍常用的检索工具和参考书的使用方法，并介绍数据收集和筛选的基础知识，以便读者能够正确获取必要的文档和信息。

数字图书馆的发展，给读者利用图书馆还带来一系列技术方面的困难。在咨询时，有很大一部分问题是关于信息技术的，包括信息在线搜索技术、数据库搜索技术、阅读器下载和设置及互联网连接等。

因此，图书馆应该主动为读者开展关于信息资源的使用方法和技巧的培训，既要让读者树立起利用馆藏资源的意识，又要让读者了解使用不同类型资源的方法，尤其是电子数据库的收集范围、数据量和检索方法，掌握这些数据库的检索方法，并体验使用计算机检索文档的好处。此外，应促进免费互联网资源的建设，在对信息源进行在线筛选和分类之后，应该引入一个免费的在线用户数据库。

（六）读者宣传辅导教育

宣传辅导是图书馆教育职能的体现，它包括读者宣传、读者辅导及读者培训三方面的内容。

1. 读者宣传

读者宣传是图书馆对读者进行科学管理的基本手段之一。在所有的文献流通和情报传递的过程中，都离不开宣传工作，否则无法实现图书馆对读者的指导。宣传的目的是在理解和探索读者需求的基础上，一般以文本的形式告知读者，宣传先进的思想、科学知识、职业技术以及广泛的文化信息，把读者最关切和最需要的文献及时展现在读者面前，吸引读者利用图书馆的多种文献和资源，使图书馆的资源得到充分利用。

2. 读者辅导

读者辅导工作是指在了解读者及其阅读需要的基础上，进行有针对性的指导，以促进读者更好地获得知识，提高阅读能力及阅读效果。由于群众性的宣传辅导活动不能满足每个读者的特殊需要，图书馆还应该通过阅读辅导工作，针对不同读者的具体情况有区别地为读者服务。辅导读者的目的是在了解和研究读者阅读需要的基础上，积极解释阅读选项并指导他们选择材料的内容，帮助他们利用文献和图书馆。

3. 读者培训

图书馆的文献能否得到充分利用，与读者是否具有使用文献的技能有很大关系。因此，对读者进行培训显得十分重要。培训读者主要从两方面入手：①培养他们的情报意识，激发他们利用图书馆的欲望，使他们认识到图书馆是自己的良师益友,是终身学习的场所。②提高他们利用图书馆及检索情报的技能,以便能熟练地使用图书馆。具体地说,就是图书馆通过各种方式向读者传授怎样利用图书馆的知识、目录学知识、文献知识、情报检索与利用知识等。

二、读者阅读水平

随着文化的不断发展以及信息共享和共享网络的发展,图书馆读者人数不断增加。但是,由于学科不同、教育水平不同,个人获得文献信息的能力不同,他们对文件的要求也不同。随着社会的不断发展,人们对文学和信息的需求日益显示出多样性特征。因此,对读者的教育应根据读者的情况,教导读者以不同的方式来学习。

1. 初级原始形式

本课程主要针对那些对图书馆和休闲阅读知之甚少的读者。课堂主题通常包括:图书馆的内容、阅读规则和规定、图书馆的资源、课程计划,教科书使用方法及常用工具书介绍等,目的是让读者了解图书馆并掌握一定的文献检索技能。

2. 中级形式

这一层次的教育对象已初步掌握利用图书馆的知识,且有一定的阅读目的,但缺乏快速检索文献的能力。其教育目标是培养读者从目录、期刊索引和主题索引中查询文献情报和查找参考书的技能,能够从不同馆藏目录中查询所需的各种形式的图书和杂志、在线预订和在线预约、查询个人借书情况,通过网上所提供的相关内容,学习如何查询联机目录、光盘检索与使用等,使其对计算机网络检索知识有基本的了解,可以在参考咨询员的指导下利用现代化手段快速获取信息。

3. 高级形式

这一层次的读者教育主要存在于人力、物力较为充足的图书馆,一般的中小型图书馆难以落实。受高等教育的读者主要指科研人员、专家、学者等高级知识分子。图书馆不仅要教会他们选择最合适的检索工具快速获取信息,更重要的是培养他们处理信息的能力，具体内容包括：熟练使用图书馆检索工具，熟悉网上导航器及搜索引擎的使用；从网络上快速编译电子信息，例如电子书、公共数据库和可分享的软件等；掌握实时查询、背景情报搜集方法、图书和期刊论文查找方法、引文分析法等鉴别信息质量和筛选信息的技能，以查找到科学研究的热点，进行学科发展预测，确定学科核心信息源；通过E-mail 提交查询和馆际互借需求等。

第四节　阅读推广服务

一、图书馆阅读推广的分类讨论

图书馆阅读推广是图书馆营销和新阅读服务的代名词。

（一）营销在图书馆中的应用

图书馆阅读推广是一种新的图书馆服务，在我国也被称为图书馆出版宣传。阅读推广的目的是使公众了解图书馆。图书馆业务与阅读之间没有直接联系，图书馆广告无法提高公众对阅读的兴趣或提高其阅读水平，但是图书馆行业营销促进了公众对图书馆的了解，并且鼓励公众使用公共图书馆中的各种资源。从严格意义上说，图书馆与阅读媒体之间存在差异，但图书馆的阅读推广被认为是有效的。例如，图书馆可能会尝试用图书馆的名称为附近的公交车站命名，或者组织大规模的展览或活动场来进行阅读推广，也可以在社区阅读点进行营销推广。

（二）新形势下的阅读服务

图书馆是重要的阅读场所。过去，图书馆的资源分为两类：教学材料和信息材料。现代应用程序中出现的许多阅读工具大大提高了这类资源的美观性、稳定性和可靠性。新形势下的阅读服务更加丰富多样：图书馆组织读者进行交流，包括阅读商店、兴趣小组、读书会、书评等形式，来为读者提供阅读服务；图书馆提供各种书籍或设计作品，例如插花、剪纸、和绘画等，提高儿童读者的阅读兴趣；让儿童观看舞台剧或艺术家的表演，以帮助他们了解更多的艺术形式；图书馆组织竞赛，如艺术比赛、知识竞赛等，来扩展读者的阅读领域；图书馆通过举办讲座向读者系统地介绍各种知识。此外，图书馆还提供各种阅读服务，例如优质的文献资料、书籍、参考文献等。上述服务的目的是促进公众阅读，并帮助公众发展他们的阅读兴趣和能力。

二、图书馆阅读推广的实施

（一）确定主旨

所有阅读推广宣传都很难让每个人都参加进来，因此也没有必要对每个人都进行深入的了解，但应该有一个清晰的主题和精确的定位。阅读推广活动不仅可以着眼于优秀传统文化的传播，还可以体现时代精神，可以结合对象和目标的特征确定主旨。为了确定阅读推广的目的，应该进行初步研究以了解阅读状况，促进读者产生阅读需求和兴趣。

（二）创设条件

有效阅读需要良好的阅读环境。各种硬件和软件是促进阅读推广的重要基础，也是国内图书馆实现可持续发展的重要条件。激发读者需求的动机为了促进阅读资源得到充分利用。阅读宣传活动与许多因素相关，包括书籍和杂志、资金、材料、图书馆位置、工作人员、服务网络、开馆时间、管理系统、管理人员、相应的法律法规等，图书馆要寻求适当的资源，对资源进行创造性的使用。

（三）详细计划

阅读推广的影响在很大程度上取决于出色的计划和有序的活动，推广创意、资源分配、实施步骤、投入成本和读者的反应等都与阅读活动密切相关。

当我们在阅读推广方面遇到问题时，应该立足于图书馆的长远发展，坚持以阅读为核心，思考创新的方法。

（四）协同发展

阅读推广主体的多样性意味着各行各业的机构和个人都有责任和机会来促进阅读的发展。国际组织、各级政府、社区、家庭、个人等的阅读方式都有待提高。教育机构、出版社、书店、图书馆、各种公司和机构、非政府组织、服务部门、媒体等，需要加强沟通并拥有更开放的视野，以更好的经济支撑和更完美的宣传方案进行阅读推广。资源共享旨在促进机构和个人合作、内部和外部合作、区域合作和个人合作、跨境产业合作和跨行业的合作、单一模式合作和松散模式合作。

（五）品牌效应

有效的阅读推广不仅可以达到促进阅读的目的，而且可以形成文化品牌，从而提高人们对阅读的理解和对阅读价值的认识，使人们积极参与阅读活动。品牌蕴含着价值、文化和个性。作为阅读推广项目的中心点，我们应积极寻求阅读推广活动的支持，探索建立阅读推广活动品牌的方法，并通过品牌吸引人们参与阅读宣传活动。

（六）自我提高

为了开展高质量的阅读推广活动，我们必须依靠更多的阅读材料。阅读推广活动的组织者和开发者的素养对阅读推广有直接影响。阅读推广本质上是一项服务。从理论上讲，如果服务者的读写能力接近或大于被服务者的读写能力，则成功进行服务的机会相应增加。因此，推广者必须具备以下能力：①要喜欢阅读，懂得阅读，并且积累了丰富的阅读知识，可以指导读者。②可以理解读者，轻松交流并赢得读者的信任；③具备筹划推广活动的能力，组织得当，能够获得并合理分配资源来促进阅读。

第八章　图书馆读者服务体系

第一节　图书馆读者服务体系

一、图书馆读者服务系统的定义

图书馆读者服务是一种阅读服务，是由图书馆服务、外借图书服务、外部阅读、文献服务（包括阅读、提交信息、咨询服务和申请材料）、读者教育服务等服务体系构成的多功能、多层次的有机整体。图书馆不仅通过阅览和外借的方式向读者提供印刷型书刊、文献缩微复制、参考咨询、编译报道、文献检索、情报服务以及宣传文献情报知识的专题讲座、展览等服务，而且还包括电子文献、数据库文献、网络文献等联机联网的自动化、现代化信息服务。这些服务可应要求提供应用程序，作为整个服务过程的一部分，各种方法是相互联系、密切相关的。

二、图书馆服务读者体系的内容

图书馆读者服务的内容分为面向读者和面向成员馆服务两个方面，包括流通阅览服务、文献借阅与传递、文献复制、参考咨询服务、网络信息服务、视听文献服务、公共文化传播服务、读者教育和情报研究服务。

（一）流通阅览服务

流通阅览服务是图书馆的主要服务方式，包括馆内流通阅览服务和馆外流通服务及流通站服务。馆内流通服务是指图书馆允许读者在馆内阅读各类文献。馆外流通服务主要有个人外借、集体外借和预约外借。个人外借面向个人读者，是通过一定的手续，在规定的时间内将馆藏文献借出馆外的一种服务方式，这类服务手续简便，读者数量最多，是图书馆最主要的服务方式，也是图书馆文献流通数量最大的形式。集体外借主要是针对机关团体，其特点是面向特定的读者群。外借的文献可以一人办理，多人使用，由专人负责。集体外借的文献种类多、数量大、周期长，节省了其他人往返图书馆借文献的时间。这种服务方法在方便读者、满足读者阅读需要的同时，还可以合理分配有限文献，缓和供求矛盾，节省接待读者的时间。因此，这种方法在公共图书馆非常普遍。"预约借书"指的是读者向图书馆预约登记某种需要借阅但暂时借不到的文献，待读者所需文献入藏后，或其他读者将文献归还图书馆后，即按照预约登记的先后顺序通知读者到馆办理借阅手续的一种外借服务方法。

（二）馆际间的文献借阅与传递

馆际互借是图书馆根据借书者建议利用馆藏来满足读者需求的一种方式。馆际互借可以将其他图书馆的文献作为扩展资源，满足读者的文献需求。除了可以从不同地区的图书馆调取资源实现馆际互借外，也可以从其他的国家借书，也称为国际互借。馆际互借的文献主要是读者科学研究和生产建设所必需的文献。参加互借的图书馆之间往往有互借协约或规则。由于现代复制技术和通信技术的应用，馆际互借中可用复制件或传真件代替原件。各种联合目录的编制与利用、良好的电子通信设施等是开展馆际互借的重要条件。一些发达国家还建立了馆际互借自动化系统。国内也有许多信息机构和公共图书馆开展了馆际互借服务，并遵循"互惠互利、平等合作"的原则，其目的是消除图书馆文档的短缺。馆际互借避免了重复处理访问数据，了解图书馆数据链接的质量，并设计关键数据认证系统以满足大多数用户的信息需求。

（三）文献复制

文件复制服务是指图书馆通过复制文件以向读者提供文件副本的服务方法，是用户获得文献资料的重要辅助手段。图书馆通过复印、扫描、拍照等方式为读者复制其所需要的文献资料，对不能到馆的读者，通过传真、邮件方式传递服务，满足客户需求。

复制文本是阅读和借阅服务的扩展，并且还扩展了对其他服务的阅读文本的访问。文献复制服务的手段应用于一切情报部门的文献搜集、存储工作，应用于一切用户和个人读者在获取、交流文献的活动中。

（四）参考咨询服务

参考咨询也称为"推荐服务"和"咨询服务"。参考咨询服务基于各种文档，并针对读者在获取信息时遇到的各种困难，使用各种参考工具、收集器、互联网和相关资源来为读者进行文献检索，查找和提供文档。添加文字提示或为读者提供指导和帮助，以帮助读者用不熟悉的搜索工具进行咨询，并回答读者的问题。

参考咨询服务是反映图书馆读者服务的主要内容。与单一图书馆相比，公共图书馆将同类图书馆资源与馆员的互联网运营专业知识相结合，从而为读者和企事业单位提供更准确、更方便和更快捷的服务。

（五）网络信息服务

网络数据服务应用了信息技术，这意味着互联网和手机等客户端可以在线存储信息，且数据不受时间和地点的限制。网络信息服务提供参考咨询、文献提供、电子公告、电子论坛、意见征询、信息通告、资源导引等服务。网络信息服务资源包括网络数据库、网络电子期刊、虚拟参考咨询、个性化信息定制与推送、学科信息门户网站等。这种服务是随着文献信息自动化的发展而开展的图书馆新型服务方式，此项服务虽然开展的时间短，但是效率高、效益好，具有极好的发展前景。

（六）视听文献服务

视听文献服务使用磁性材料、光学设备和其他此类材料存储数据，并使用特殊设备记录和创建音频和视频数据。视听文献又称声像资料、视听资料、音像制品，其主要类型有：普通唱片、盒式或匣式录音带、幻灯片、电影胶片、普通录像带、激光录像盘、激光唱盘、多媒体学习工具、程序化学习工具、游戏卡等。视听文献的突出特征是用声音和图像传递信息，它具有存储密度高、内容直观真切、表现力强、易被接受和理解、传播效果好等优点。

"视听文献"也被称为第三代图书。因为音频和视频文档具有传统打印文档所不具备的优势，如容量大、成本低、信息新、空间小、易于存储，易于收集和记录文本、音频、图像和图片等信息，因而受到读者的喜爱。作为一种新型载体的文献，"视听型文献"已成为图书出版业优选的最佳文献资源之一。

视听文献服务就是伴随着"视听文献"的产生而出现的一种文献信息服务方式和手段，指从图书资源中收集、分类和存储音频及视频文件，通过电子化设备实现视听文献信息的交流和传播，为读者提供文献服务的方法。视听服务主要是通过电子化设备实现的，它已成为图书馆现代化建设和服务的重要标志之一。

（七）公共文化传播服务

随着经济和社会的发展，大众物质文化需求的多样性日益突出。图书馆的服务也日趋多元化，为读者提供丰富多彩的专题讲座、展览、报告会等公共文化传播服务，成为近几年来公共图书馆延伸服务的新途径。

（八）读者教育培训工作

读者教育培训工作就是利用图书馆的资源、场地和馆员的专业知识，有针对性地为读者开展阅读指导、专题培训、上门培训等。图书馆读者教育的目的是培养读者（包括潜在读者）使用信息的意识和能力。其最终目标是提高读者的信息使用技能,帮助用户了解图书馆和图书馆服务的内容,掌握检索和使用文档的方法,了解文档信息的知识并提高用户对信息的认识,可以有效查找信息并解决实际问题。做好这项工作,馆员必须了解读者的需要,并熟悉藏书、图书馆的各种目录、书目索引以及现代检索工具的使用,这样才能充分利用自己所掌握的图书馆业务知识来帮助读者,解答读者提出的各种问题,帮助读者了解图书馆的性质、功能、任务和发展,介绍图书馆资源的范围、重点、组织和结构,以及它们的使用、服务方法、设施、借出政策、借阅流程和方法。读者培训可以采取多种方法,包括培训课程、讲座、个人课程、参观、展览、研讨会、知识竞赛、提供宣传材料、在线课程等。

（九）情报研究服务

情报研究服务是一种深层次的参考咨询服务,是情报服务的主要内容和科学研究的前期工作,一般需要花费很长时间。情报服务可以协助科研人员选择正确的科技策略,提高效率,减少人力或资金方面的浪费,节省科研人员的时间和精力。我国各大中型图书馆都普遍建立了咨询服务部门,配备专业的工作人员从事咨询服务。有的图书馆还成立了联合性的咨询委员会,将图书馆的专门人才组织起来,对口分工解答读者提出的各种咨询问题。情报研究服务包括定题服务、专题数据库建设、信息调研、编译服务、综述和预测分析报告等。

第二节　图书馆读者服务法规制度

国家针对图书馆服务工作制定了一系列法律法规，如《公共图书馆服务标准》《公共图书馆建设用地指标》《公共图书馆建设标准》《公共文化体育设施条例》《国务院办公厅关于进一步加强古籍保护工作的意见》《著作权法实施条例》《计算机软件保护条例》《公共图书馆管理办法》等。

一、《公共图书馆服务规范》

《公共图书馆服务规范》的主要内容包括：

（1）为了促进公共图书馆的发展，建立全面覆盖的公共文化服务，保护公众的基本文化权利，改善公共图书馆的服务条件，提高公共服务和行政措施的效率，公共图书馆领域设立了相关标准。

（2）公共图书馆服务是指利用各种资源和馆员专业能力满足公众日益增长的文化需求的公共图书馆工作，免费提供基本服务。

（3）公共图书馆应向公众积极提供便捷的服务，有必要不断提高服务质量，协调服务资源、提升服务效率、扩大服务覆盖范围，加强服务监控和反馈，促进综合服务的可持续发展。

（4）公共图书馆服务覆盖了全社会。我们必须着重培养儿童的阅读习惯，努力满足残疾人、老年人、农民工和偏远农村地区人民阅读和获取知识的需要。

（5）本规范是公共图书馆服务的统一标准。它是衡量公共图书馆绩效和管理的指标，也是评估公共图书馆服务水平的基础。

（6）除执行本标准的有关规定外，公共图书馆的服务和管理还应符合现行的国家标准和规定。

二、服务方面的资源

（一）建筑指标

公共图书馆的组织应遵循普遍平等的原则，地点的选择应考虑服务半径和服务数量等因素，并应按照有关规则进行。服务数量是指公共图书馆服务部门的固定居民数。

为确保读者的阅读空间和图书馆为读者服务的能力，应按照《公共图书馆建筑标准》（建标 108–2008）实施，总建筑面积、阅览室面积比例和总座位数都有固定的标准，并为残障人士提供必要的服务设施。

（二）人力资源

图书馆的工作人员必须经过专业培训，有良好的职业道德，在为读者服务的同时尊重并保护他们的隐私。馆员必须承担责任，他们必须遵守规章制度，使用规范的语言，并努力为读者准确、及时地提供信息。

（三）文献资源

文献资源的建设应遵循以下原则：

（1）适应读者不断增长的需求以及本地区经济和文化的发展。

（2）遵守法律法规对保护知识产权的要求。

（3）适应档案建设计划，按照政策和服务要求进行资源建设。

（4）促进资源系统和资源特色的形成。

（5）促进区域文献资源的合作与共享。

（6）促进历史文献的积累和丰富。

三、服务效率

（一）基础服务

基础服务是图书馆确保并满足公众基本文化需求的服务，包括为读者提供免费的多语种文档借阅服务和一般咨询服务，组织各种阅读活动和其他公益服务。

公共图书馆应有固定的开放时间，并应在周末开放。省级图书馆每周开放时间不少于 64 小时；地市级图书馆每周开放时间少于 60 小时；县级图书馆每周开放时间不少于 56 小时；各级独立组织的儿童图书馆，每周开放时间不少于 40 个小时。

公共图书馆应通过文化站、流动图书馆等向社区、乡镇转移文献借阅服务和其他图书馆服务，并提供定期的移动服务。

建立公共图书馆的基础是管理——多方面的资源投资和共享规则的集中分级管理。建立全面统一的公共图书馆服务体系，并在协调和共享的基础上发展各种公共图书馆。整合机构徽标，结合业务标准，统一公共服务部门的标准。建立便捷的文件传输系统，以提高组织和传输文件的能力，并提高同一地区公共图书馆系统的整体形象和服务能力。

（二）扩展服务

公共图书馆应使用网络、移动电话和其他新兴技术手段，通过信息技术和运营商网络提供电信服务，如不受时间和空间限制的在线图书馆、参考文献和文件传输的功能。

公共图书馆可以为个人、公司、非政府机构和政府机构提供多样化、灵活和有针对性的服务。

（三）服务介绍

1.引导标记

使用标准文本和图形为公共图书馆设置指南和身份验证系统。应采用国家标准 GB/T10001.1 来标识公共信息图像。

2. 服务公告

公共图书馆的服务范围、服务内容、服务时间、服务协议、读者的指示、借阅（使用）规则、服务义务和其他基本服务政策应公示在图书馆的显眼位置并与图书馆相关栏目放在一起，方便读者阅览，其他服务方法和各种服务信息应方便读者在各种媒介上阅读。

3. 公共图书馆内容公示

公共图书馆应使用计算机管理和书目系统，以纸质、电子和缩微胶卷等多种形式向公众发布文件，并提供诸如标题、作者和内容之类的基本阅读方法，以方便读者咨询。

公共图书馆还应通过网站、宣传材料、特别展览等向公众宣传和发布最新的资源和业务。

4. 宣传推广

公共图书馆应通过媒体、网站、宣传材料、公告栏和各种现代传播方法吸引读者的参与阅读活动。

四、监督和反馈

（一）监督方式

公共图书馆应在显眼处设置读者意见箱（本），开放监督投诉电话专线，提供在线投诉渠道，建立馆长接待处，组织社会监督队伍，并定期举办研讨会，认真对待读者投诉并记录下来。对读者的投诉，要在五个工作日内做出答复并做出改进。

（二）读者满意度调查

读者满意度调查表中将读者对图书馆的满意度分为"满意""基本满意""不满意"三个级别。读者满意度的计算方法是：参加问卷调查的读者选择问卷总数中"满意""基本满意"的比例。各级公共图书馆的读者满意度至少应达到 85%。公立图书馆应该每年进行一次读者满意度调查，可在图书馆举行或将其委托给有关机构。省、市、县图书馆分发的问卷数量分别不得少于 500 份、300 份和 100 份，回收率不得低于 80%。公共图书馆应分析收集到的阅读材料，并建议改善薄弱环节，对调查数据应进行组织和存储。

第三节　图书馆读者服务规范

一、图书馆读者服务规范的定义

图书馆的服务规范是指图书馆对其所开展的各项服务提出规范化的要求，并使工作人员按照具体要求开展服务工作。图书馆服务规范包括两方面内容：①对图书馆的各项服务制定出一套具体的、有指导性的、操作性强的规则；②通过一系列的管理手段，使图书馆员按照规定开展服务。

二、图书馆服务业务操作规范

图书馆业务操作规范包括《总咨询台工作规范》《流通系统操作规范》《中外文期刊工作规范》《图书验收工作规范》《数字图书馆参考咨询台业务规范》《多媒体工作规范》《总服务台操作规范》《复制工作规范》《文明服务行为规范》《读者到馆行为规范》等。

（一）总咨询台工作规范

1. 总咨询台工作规范
（1）首问负责制
总咨询台实行"首问负责制"。第一负责人与有需求的读者进行沟通，回答读者在图书馆提出的各种问题，直到问题得到解决为止。读者咨询的形式包括面对面、电话咨询和在线咨询。那些接收读者的问题的第一人应该热情周到，解决问题并进行详细回答。"首问负责制"的概念使馆成员有机会随时随地成为第一询问人。这要求馆员树立读者意识、责任意识和服务意识，增强工作主动性和创造力，提高图书馆的绩效和服务质量。

（2）"首问负责制"的基本要求

在接到服务对象的问题时，无论负责人是否能够解答问题，首问负责人都必须积极面对，不得以任何借口逃避、拒绝或推诿。

2. 参考咨询岗位职责

目前国内外图书馆开展参考咨询服务，一般有电子邮件、实时交互、网络化合作等模式。这些模式的运作过程需要各类角色参与，共同保证参考咨询服务的完成，参考咨询具有动态性、复杂性和多样性。

3. 参考咨询管理职责

参考咨询管理的主要职责包括：①在工作日内全天候监控咨询系统；②监督咨询工作流程，及时转发用户的提问和参考咨询馆员的答复；③在参考馆员之间根据分工分配咨询问题，及时更新、维护知识库等；④负责在向用户发送答案前再次检查答案，将回答过的问题存储起来；⑤收集关于服务开展情况的信息以及低层次的技术性工作产生的数据。

4. 网上咨询规范

馆员根据读者咨询的内容主动完成以下网上咨询工作：

（1）在线咨询。读者通过浏览器中的留言板填写注册表格，向在线顾问提交咨询请求，该顾问应在24小时内做出答复。书目信息和标题将在该网站上发布，原始数据将发送到读者的电子邮件中。对于来自读者的一般性问题，工作人员将在收到请求后的24小时内答复。检索内容的服务需要搜索一些文档，将第一批必要的文档移交给读者，或者在回复后的2到7天内与读者进行协商。

（2）网络沟通。这是指通过计算机网络与外部沟通的活动，它是一种无障碍的沟通方式。在图书馆读者服务工作中，可通过电子邮件、网络电话、网络传真、电子论坛、手机短信等网络形式与读者进行有效沟通。目前，图书馆与读者进行网络沟通用得最多的是电子邮件和手机短信。

（3）信息导航。在网上介绍、分析、评价各种电子信息源，例如，集中管理和使用在线信息数据库，准备各种用于文档的智能在线导航系统。设置电子期刊、电子书、电子技术报告和专利信息的电子页面，跟踪相关机构（国内和国外大学站点、图书馆、数字图书馆等）的内容并指导用户使用。

（4）在线论坛。建立利用网络上的信息资源、情报收集技能和其他内容的方法，用户可以随时学习在线文献中的相关知识，以便打破时间和空间的限制。

（二）馆员文明服务行为规范

《公共图书馆服务规范》规定：图书馆工作人员必须经过专业培训并形成良好的工作规范。他们在为读者提供服务时一视同仁，并尊重读者的个人隐私。工作人员应使用文明语言进行沟通，遵守图书馆的规章制度，有奉献精神，为读者提供准确的信息。

（三）服务工具的规范

1.印本藏书体系

《公共图书馆服务规范》规定：公共图书馆应在阅览区和书库设置文献排架标识。公共图书馆在书库、阅览室书架上都应设明显标识，并按照《中国图书分类法》中的 22 个大类进行排架，标明每个大类的符号。

2.网络服务体系

图书馆的网络服务是系统而有序的，图书馆网络服务的宗旨在于：告诉读者"如何去找""到哪儿去找"或"我为你去查找"。图书馆资源需要为读者找到重要的信息和资源，并提供比网络信息更具可读性的资源。社区图书馆提供了广泛的资源来满足读者的需求，从而最大限度地缩短了资源的响应时间。响应时间是指从读者提问到图书馆回答问题所花费的时间。网络服务的一般规则为：实时问答、电话咨询和在线聊天必须立即得到及时答复，对其他远程服务的响应时间不得超过两个工作日，做好读者反馈意见的收集整理。

（四）服务环境的规范

图书馆服务环境是指图书馆的空间及读者活动的空间。它包括外部环境与内部环境两部分。图书馆的外部环境包括图书馆馆舍造型和周围环境，内部环境包括图书馆员工和读者在馆内活动的各种场所，如咨询处、书目检索处、借书处、阅览室、音像资料室、文献陈列室等。

1. 地理交通

为读者写清楚图书馆所在的位置，并标注地图标识，有些地图还把图书馆周围的重要建筑物、重要机构都标示清楚。另外，要注明公交车、地铁路过或到达图书馆的车站名称，使读者按照地图标识乘公交、地铁就能够找到图书馆。

2. 图书馆服务环境

图书馆服务环境包含了服务提供过程中所有的物质、设备及内部装修。服务设备包括智能化程度、运转的可靠性。建筑物包括如建筑风格、外观吸引力与环境的协调程度。设施设备的布局指服务功能区域的安排，服务路线的设置。读者服务环境包括环境的绿化与美化，采光、通风、隔音、色彩、温度、湿度等条件的控制与管理。特殊服务空间的环境布置主要指特色服务，包括读者休息场所的设置、灯光及电源设施的管理、卫生系统设施的管理等。

第九章　图书馆弱势群体服务创新

第一节　图书馆弱势群体服务的基本理论

一、弱势群体的定义

不同的研究领域对弱势群体有不同的定义。从社会学的角度来看，弱势群体是通过经济改革和社会发展演变而来的：由于失业、无效的劳动或肢体残疾，一些群体在经济、政治等社会领域相对较弱，因此他们无法适应社会发展的步伐，生活在困境中。从心理学的角度来看，弱势群体是缺乏精神健康、身体健康或有心理问题，经济地位低下，适应社会生活的能力相对较弱的群体。从法律的角度来看，弱势群体是在面对自己的合法权益保护时处于相对弱势和存在困难的群体。

二、图书馆服务中弱势群体读者的定义

通过从图书馆学的角度定义弱势群体，不可能将依赖图书馆的群体等同于弱势群体。由于主观或客观原因，图书馆无法进行全面调查，也无法收集和使用居民的信息，无法确定具备查询、收集和使用信息能力的读者。因此，这些弱势群体读者并不固定，我们需要从不断变化的角度来研究和衡量图书馆读者是否处于不利地位。因为弱势是一个相对的概念，它将影响成为弱势读者的群体。许多因素的变化都可能导致读者从普通读者变为弱势群体读者。

三、图书馆服务中弱势读者的特征

（一）查找、咨询、利用和信息交流方面的弱势读者

在图书馆服务所涉及的读者群体中，他们在信息收集、信息的咨询以及信息的使用和传播方面处于相对弱势的地位。例如，视障人士无法阅读普通人可以阅读的信息资源；肢体残疾的人士无法像普通人一样到图书馆获取信息，进行取书、看书、做笔记等一系列行为。教育程度或文化程度低的人无法查询和搜索，他们的阅读理解力有限，很难使用有用的信息；由于视力模糊或其他原因，老年人很难在图书馆中独立找到所需资源。

（二）身心弱势的体现

身体和精神上的弱点也是图书馆弱势读者的共同特征。弱势群体心理和身体上的不利因素特别明显，正是由于存在生理和心理上的障碍，在处境不利的情况下，他们要么被边缘化，处于弱势或受束缚。直接导致了这一群体信息利用能力差，信息使用效率低下。

（三）高度依赖社会

由图书馆管理的弱势群体有很高的社会依赖性。由于身体、精神或能力上的不足，他们无法直接到图书馆获取信息，仅依靠自己的努力，很难获得有效的信息。因此，他们需要依靠图书馆的帮助才能实现这一目标。这是弱势读者的高度依赖性的体现。换句话说，在阅读和收集信息时，他们比普通人更需要社会力量的帮助。在查询、收集和使用信息源的过程中，他们需要馆员的帮助。只有在图书馆的帮助下，才能更好地满足其收集和使用信息的需求。

第二节　图书馆弱势群体读者服务存在的问题

一、残障弱势读者服务团队建构不理想

目前，图书馆中的弱势读者服务存在一些问题。要解决的第一个问题是为弱势群体的读者建立一个专业服务团队。馆员是向弱势群体读者提供服务的主要力量，服务团队是影响服务效率和服务满意度的关键因素。一项对弱势群体读者的调查表明，处境不利的弱势读者更喜欢图书馆工作人员的服务，但有些读者说需要提高满意度，这表明需要完善服务团队的结构。

二、与其他社会力量的合作不足

图书馆要重视服务工作，通过和其他社会力量合作服务于弱势群体。社会力量是图书馆服务发展中的重要力量。图书馆可以与社会各个领域合作，提供更多的服务项目，为弱势群体读者提供更好的服务。但是，图书馆与很多社会力量尚未建立伙伴关系，或者合作不够深入，合作效果也不太理想。

三、缺少为弱势读者服务的图书馆资源

为弱势读者提供服务的图书馆资源较少，这也是图书馆服务的主要问题。有许多类型的资源不足，而读者则急需这些资源。图书馆不仅应专注于本馆的特色资源，还应平衡各类资源，协调发展并力求吸引更多的弱势读者。提供人性化的服务，例如为医院的患者、偏远山区的农民、进城务工者、失业者、老年人、残疾人等提供所需文献资源。

四、弱势群体的网络服务不完善

随着网络的发展，图书馆建立了自己的网站。尽管在网站上开设了特殊群体服务栏目，但主要针对老年人、儿童和残疾人。服务主要基于新闻活动的报道，缺乏针对性。对于书籍和商业信息，门户网站上没有自定义工具栏，导致视障人士（失明、弱视、色盲或老年读者）不容易阅读。目前，弱势群体的读者的服务区域非常苍白，迫切需要开放更多的服务区域，进一步丰富和改善弱势群体读者服务，并全面提高服务质量。

第三节　图书馆开展弱势群体读者服务的创新策略

为了向弱势群体读者提供创新服务，图书馆首先应在服务设备和服务模式上进行创新。为了创新服务并最大限度地提高服务质量，应建立残疾人服务中心，并对残疾人的信息服务需求进行深入研究，提供残障读者需要的服务。根据弱势群体读者的信息服务需求，制定服务计划，优化服务流程，开展服务活动，避免盲目服务，提高服务效率。

一、精于团队合作，提供服务保证

（一）优化图书馆团队的建设和管理

优化图书馆团队的建设和管理是创新图书馆弱势读者服务的关键。具体地说，可以在培训、服务人员素质、服务理念的创建、优化团队管理等方面进行试验。首先，培训专业技能，图书馆应对弱势读者服务进行优化。例如，当大学生志愿者去图书馆实习时，图书馆对他们进行专业培训和指导。同时，要着力培养优秀人才，制定科学的人才培养计划，以防止服务型人才的短缺。其次，提高服务质量，服务于处境不利读者的服务态度和意识要比服务于普通读者的服务态度和意识更突出，服务应更加人性化，监督常规的服务，并通过讲座和其他活动不断提高服务人员的专业水平。努力为弱势群体读者建立专业、优质的服务团队。再次，关于服务理念的创立，有必要引入一种新型的文化服务理念，强调图书馆对弱势读者的尊重和重视，实现优先服务，消除歧视。最后，在创新团队管理方面，图书馆应建立专门的残疾人读者服务中心，协调残疾人读者的综合服务工作。要明确具体的工作流程，责任要明确，内容要明确。建立完善的团队管理制度、考核制度和激励制度，并配备足够的人员，以免因人手不足而无法完成工作任务。

（二）着重培养弱势群体的信息能力

大多数弱势群体读者的弱点体现在他们收集和使用信息的能力上。因此，图书馆应充分利用自身优势来加强这类读者的信息素养。具体地说，可以通过联合培训、开设课程和面对面教学来培养和提高读者的信息能力。培训内容可以设置老年人计算机课程、儿童阅读指导课程、视障人士使用智能手机的培训、培训残疾人灵活使用计算机等，对于监狱中囚犯的计算机和智能手机学习之类的服务，以及成人自学考试之类的服务。

（三）为残疾人群体提供教育服务

图书馆的整体服务水平也反映在对弱势群体的教育服务中。弱势群体的读者的学术能力较弱，他们收集和使用信息的能力也不强。如果图书馆提高了其学习水平和学习能力的，提供教育服务和专业知识，教给他们基本的学习方法和技能，增强他们的自信心。这体现了图书馆具有的公益性。因此，图书馆的创新服务还包括针对读者的教育服务。

（四）提升弱势群体利用图书馆资源的能力

通过对弱势群体读者的一项调查发现，仍然有许多读者不了解他们在图书馆所享受的服务，很少使用图书馆资源。这是因为弱势群体受教育水平普遍较低。最主要的原因是图书馆在这方面的宣传工作不到位。因此，为解决这个问题，图书馆还需要促进对弱势群体图书馆权利的使用和理解。为了促进宣传活动，图书馆应提供更具体的服务活动，例如特殊群体阅读帮扶计划。通过宣传活动鼓励残疾人群体积极利用图书馆资源学习知识、获取信息，增强弱势群体读者的信心，并提高弱势群体读者的能力。在进行活动时，对一些弱势群体的服务也可以产生很好的阅读推广效果。

二、结合社会力量提供服务支持

依靠图书馆的力量不足以为弱势群体读者提供各种文化服务。俗话说人多力量大。图书馆有必要与其他社会组织进行协作，共同为弱势群体读者拓展服务渠道，并不断增强服务的影响力。具体而言，某些组织可能会与图书馆合作，共同为弱势群体服务，包括政府部门、非政府组织、社区组织、慈善机构、公共文化服务部门、私人公司和机构以及其他非政府组织。

三、优化服务类型，提高服务质量

（一）普遍性与多样性的结合

马克思主义理论认为，事物具有普遍性和独特性。服务弱势读者的图书馆也是如此。与普通读者相比，弱势读者收集信息的能力有所欠缺。残疾的主要症状是身体缺陷和不适，视力障碍的特征是视力缺损和活动能力受限，老年人的特征是身体状况不良和视力障碍。因此，图书馆要做到：为不同类型的弱势读者提供服务，不仅要服务于他们的共同特征，而且要根据他们的不同特征提供有针对性的服务，以确保更好的学习效果。此外，还有必要不断丰富服务材料和创新服务类型。

（二）将被动服务转变为主动服务

只有充分了解弱势群体读者的信息需求，图书馆才能根据读者的需求开展有针对性的服务工作。如果图书馆提供的服务工作不是读者真正需要的，就无法满足读者的信息服务需求。如果服务收益很小，或只是形式上的影响，读者对服务的满意度、服务质量都会降低。因此，图书馆必须对弱势群体读者的信息需求进行全面深入的研究。只有了解读者的需求，才能实现主动服务，使服务具有创新性和针对性。

（三）告别盲目、无所作为和低效率

在研究读者需求的基础上，也有必要对研究结果进行分析，以明确弱势群体读者的需求。由于弱势群体读者和类型多样，不同读者的劣势也不同，这必然导致读者的差异。这些读者预期的服务是不同的，如果图书馆仅从自己的角度出发提供服务而没有听到读者的声音，将不可避免地导致服务没有目标性，无法满足读者的需求。因此，分析读者需求可以使服务更有针对性、更人性化，还可以从读者的需求中找到新的服务方向，从而为创新服务奠定坚实的基础。

（四）让读者享受最快、最好的服务

在为残障读者提供服务的过程中，图书馆还可以进行大胆的创新。无论是借阅和阅读书籍和材料的服务过程、使用电子资源的服务过程，还是进行中的项目的服务过程，所有环节均可优化。

（五）制定科学的发展计划

经过研究，我们了解了读者群体的需求，并完成了有针对性的服务工作。建立反馈服务系统，听取读者的意见和建议，了解读者的满意程度，并评估服务的发展以进一步优化服务的内容，通过接受意见和建议不断改进服务，以提高服务质量。此外，制定科学的长期服务计划尤为重要。要做好每一件事，离不开科学的计划。只有制定计划，所有服务才能系统、详细、明确地开展。只有通过改革和创新，才能越走越远。

四、留意门户网站并扩大服务空间

（一）设计创新的无障碍服务以减少信息障碍

弱势群体读者的身体障碍最明显。为了提供无障碍的服务，不断创新无障碍服务方式尤为重要。图书馆可以为弱势群体读者提供创新服务，有两条主要途径：

（1）为图书馆建立一个官方网站。为了使弱势群体读者能够快速有效地获取信息，应建立图书馆官方网站，为色盲、视力障碍、弱视、近视、远视、青光眼人群和老年人提供方便。读者可以根据自己的喜好更改屏幕字体的颜色和大小；还可以根据自身情况更改界面的颜色；调整参考线以帮助阅读；还可以使用多条水平和垂直线测试阅读位置；标记阅读杆并单击语音助手将文本信息转化为语音信息；可以根据需要调整文本阅读速度，重复播放，丰富残障辅助阅读器的功能。为了使弱势群体读者更容易、快速、有效地获得必要的信息，网站应设置弱势群体读者的专门服务部门，并为其他群体的读者准备专门的指南，为不同的弱势群体读者提供服务信息和新闻提要。图书馆应建立一个论坛和活动公告栏，供不同读者进行交流、评论等。

（2）阅读设备的创新设计。图书馆注重分析和研究残疾群体读者的不便，并开发更多通畅的阅读工具，以满足弱势群体读者的阅读需求。扩大设备畅通无阻的规模，满足读者的需求，避免设备不足影响阅读质量。

（二）丰富弱势群体真正需要的数据

随着弱势群体读者类型的增加，当前的读者数量已经远远超出了图书馆定义的特定群体的读者范围。随着读者的增加，读者对信息服务的要求也提高了，对图书资源的需求也有所增加。在这种情况下，图书馆应做到以下几点：①促进该群体读者需要的书籍和信息的收集。在图书馆的采购人员中，专业成员负责分析弱势群体读者所需的书籍类型，以确保为弱势群体的读者提供更多他们需求的图书馆资源。②建立资源共享机制，除了与图书馆共享外，图书馆还可以为其他弱势群体（如残联、妇女协会、红十字会和老年人协会）

组织实现资源共享，以丰富阅读材料。③增加弱势群体读者需求的书籍数量，以适应读者日益增长的阅读需求。例如，为盲人读者创办特殊杂志，如盲文杂志和特殊字体书籍，以丰富视力障碍读者的阅读材料，并为残疾人群体的读者提供充足的文献资源。

参考文献

[1] 朱永新. 我的阅读观 [M]. 北京：中国人民大学出版社，2012.

[2] 曾祥芹，韩雪屏. 阅读学原理 [M]. 郑州：河南教育出版社，1992.

[3] 王余光. 中国阅读文化史论 [M]. 北京：北京图书馆出版社，2007.

[4] 徐雁. 全民阅读推广手册 [M]. 深圳：海天出版社，2011.

[5] 徐雁，陈亮. 全民阅读参考读本 [M]. 深圳：海天出版社，2011.

[6]《图书情报工作》杂志社. 国民阅读推广与图书馆 [M]. 北京：海洋出版社，2011.

[7] 王余光. 阅读，与经典同行 [M]. 深圳：海天出版社，2013.

[8] 陈进. 高校图书馆阅读推广案例精编 [M]. 北京：海洋出版社，2017.

[9] 曾祥芹，韩雪屏. 阅读学原理 [M]. 郑州：河南教育出版社，1992.

[10] 陈振明. 公共管理 [M]. 北京：中国人民大学出版社，2017.

[11] 赵静. 高校图书馆的功能演进 [M]. 北京：清华大学出版社，2016.

[12] 教育部高等学校图书情报工作指导委员会. 高校图书馆发展蓝皮书·2015[M]. 北京：高等教育出版社，2016.

[13] 杨国富. 大学图书馆的探索和实践 [M]. 杭州：浙江大学出版社，2017.

[14] 李俊国，汪茜. 图书馆儿童阅读推广 [M]. 北京：朝华出版社，2015.

[15] 王振宏，李彩娜. 教育心理学 [M]. 北京：高等教育出版社，2011.

[16] 吴建中. 转型与超越：无所不在的图书馆 [M]. 上海大学出版社，2012.

[17] 赵俊玲，郭腊梅，杨绍志. 阅读推广：理念·方法·案例 [M]. 北京：国家图书馆出版社，2013.

[18] 于群，李国新. 公共图书馆业务培训指导纲要 [M]. 北京：北京师范大学出版社，2012.

[19] 胡继武. 现代图书馆学 [M]. 中山：中山大学出版社，1991.

[20] 潘伯善，王香君. 图书馆学心理学 [M]. 武汉：武汉大学出版社，1991.

[21] 张国印，张天元. 简明读者心理学 [M]. 北京：中国财政经济出版社，1998.

[22] 袁琳. 读者服务的组织与管理 [M]. 武汉：武汉大学出版社，1998.

[23] 李东来. 图书馆数字阅读推广 [M]. 北京：朝华出版社，2015.

[24] 林静宜. 诚品时光 [M]. 北京：中信出版集团·见识城邦，2018.

[25] 李培. 数字图书馆原理及应用 [M]. 北京：北京高等教育出版社，2004.

[26] 王鹏. 走进云计算 [M]. 北京：北京人民邮电出版社，2009.

[27] 王鹏. 云计算的关键技术与应用实例 [M]. 北京：人民有出版社，2010.

[28] 刘瑞英. 论文献阅读与阅读推广活动 [J]. 濮阳职业技术学院学报，2010，23（05）：159-160.

[29] 程亚男. 关于阅读推广的几个问题 [J]. 图书馆研究与工作，2009，（04）：2-5.

[30] 李永先，栾旭伦，李森森. 云计算技术在图书馆中的应用探讨 [J]. 江西图书馆学刊，2009（1）：105-106.

[31] 胡小菁，范并思. 云计算给图书馆管理带来挑战 [J]. 大学图书馆学报，2009，27（04）：7-12.

[32] 卢晓娟. 云计算与未来图书馆数字信息资源建设 [J]. 四川图书馆学报，2009（2）：23-24.

[33] 陈康，郑纬民. 云计算：系统实例与研究现状 [J]. 软件学报，2009，20（5）：1337-1348.

[34] 杨明芳，袁曦临. 云计算环境下的数字图书馆 [J]. 图书馆建设，2009（9）：7-12.

[35] 张健. 云计算概念和影响力解析 [J]. 电信网技术，2009（01）：15-18.

[36] 李莉，廖剑伟，欧灵. 云计算初探，计算机应用研究 [J]. 2010（12）：4419-4422.

[37] 张建勋，古志民，郑超. 云计算研究进展综述 [J]. 计算机应用研究，2010，27（2）：429-433.

[38] 李乔，郑啸. 云计算研究现状综述，计算机科学 [J]. 2011，38（4）：32–37.

[39] 陈全，邓倩妮. 云计算及其关键技术 [J]. 计算机应用，2009，29（9）：2562–2567.

[40] 吴燕. 泛在知识环境下的数字图书馆发展研究 [D]. 中国科学院，2007.

[41] 薛毅飞. 云计算在数字图书馆中的应用 [J]. 图书与档案，2009（29）：372–373.

[42] 王红. "云图书馆"平台的架构与实现 [J]. 情报理论与实践，2010，37（10）：108–112.

[43] 王德政，申山宏，周宁宁. 云计算环境下的数据存储 [J]. 计算机技术与发展，2011，21（4）：81–84.

[44] 喻昕，王敬一. 基于云计算技术的数字图书馆云服务平台架构研究 [J]. 情报科学，2011，29（7）：1049–1053.

[45] 裴红罗，王运圣，江洪涛，程彬彬，姚利根. 基于云计算的数字图书馆平台架构设计 [J]. 中国农业科技导报，2010，12（6）：126–129.

[46] 黄华. 基于图书馆云计算的信息安全对策研究，信息技术 [J]. 2010（2）：58–60+35.

[47] 叶小榕，邵晴. 一项结合云计算和 PKI 的数字图书馆系统框架设计 [J]. 科技导报，2010，28（9）：63–67.

[48] 王佳隽，吕智慧，吴杰，钟亦平. 云计算技术发展分析及其应用探讨，计算机工程与设计 [J]. 2010，31（20）：4404–4409.

[49] 尹国定，卫红. 云计算——实现概念计算的方法 [J]. 东南大学学报（自然科学版），2003（4）：502–506.

[50] 郭红英. 云计算环境下高校图书馆用户服务模式发展研究，图书馆理论与实践 [J]. 2011（2）：84–85.